世界五千年
科技故事丛书

卢嘉锡题

世界五千年科技故事丛书

开风气之先的科学大师

莱布尼茨的故事

丛书主编　管成学　赵骥民

编著　张祖贵　张　蓁

吉林出版集团 ｜ 吉林科学技术出版社

图书在版编目（CIP）数据

开风气之先的科学大师：莱布尼茨的故事 / 管成学，赵骥民主编. -- 长春：吉林科学技术出版社，2012.10（2022.1 重印）
ISBN 978-7-5384-6085-8

Ⅰ.① 开… Ⅱ.① 管… ② 赵… Ⅲ.① 莱布尼茨，G.W.（1646～1716）－生平事迹－通俗读物 Ⅳ.① B516.22-49

中国版本图书馆CIP数据核字（2012）第156239号

开风气之先的科学大师：莱布尼茨的故事

主　　编　管成学　赵骥民
出 版 人　宛　霞
选题策划　张瑛琳
责任编辑　朱　萌
封面设计　新华智品
制　　版　长春美印图文设计有限公司
开　　本　640mm×960mm　1 / 16
字　　数　100千字
印　　张　7.5
版　　次　2012年10月第1版
印　　次　2022年1月第5次印刷

出　　版　吉林出版集团
　　　　　吉林科学技术出版社
发　　行　吉林科学技术出版社
地　　址　长春市净月区福祉大路5788号
邮　　编　130118
发行部电话 / 传真　0431-81629529　81629530　81629531
　　　　　　　　　　81629532　81629533　81629534
储运部电话　0431-86059116
编辑部电话　0431-81629518
网　　址　www.jlstp.net
印　　刷　北京一鑫印务有限责任公司

书　　号　ISBN 978-7-5384-6085-8
定　　价　33.00元
如有印装质量问题可寄出版社调换

序 言

十一届全国人大副委员长、中国科学院前院长、两院院士

放眼21世纪，科学技术将以无法想象的速度迅猛发展，知识经济将全面崛起，国际竞争与合作将出现前所未有的激烈和广泛局面。在严峻的挑战面前，中华民族靠什么屹立于世界民族之林？靠人才，靠德、智、体、能、美全面发展的一代新人。今天的中小学生届时将要肩负起民族强盛的历史使命。为此，我们的知识界、出版界都应责无旁贷地多为他们提供丰富的精神养料。现在，一套大型的向广大青少年传播世界科学技术史知识的科普读物《世

界五千年科技故事丛书》出版面世了。

　　由中国科学院自然科学研究所、清华大学科技史暨古文献研究所、中国中医研究院医史文献研究所和温州师范学院、吉林省科普作家协会的同志们共同撰写的这套丛书，以世界五千年科学技术史为经，以各时代杰出的科技精英的科技创新活动作纬，勾画了世界科技发展的生动图景。作者着力于科学性与可读性相结合，思想性与趣味性相结合，历史性与时代性相结合，通过故事来讲述科学发现的真实历史条件和科学工作的艰苦性。本书中介绍了科学家们独立思考、敢于怀疑、勇于创新、百折不挠、求真务实的科学精神和他们在工作生活中宝贵的协作、友爱、宽容的人文精神。使青少年读者从科学家的故事中感受科学大师们的智慧、科学的思维方法和实验方法，受到有益的思想启迪。从有关人类重大科技活动的故事中，引起对人类社会发展重大问题的密切关注，全面地理解科学，树立正确的科学观，在知识经济时代理智地对待科学、对待社会、对待人生。阅读这套丛书是对课本的很好补充，是进行素质教育的理想读物。

　　读史使人明智。在历史的长河中，中华民族曾经创造了灿烂的科技文明，明代以前我国的科技一直处于世界领先地位，涌现出张衡、张仲景、祖冲之、僧一行、沈括、郭守敬、李时珍、徐光启、宋应星这样一批具有世界影响的科学家，而在近现代，中国具有世界级影响的科学家并不多，与我们这个有着13亿人口的泱泱大国并不相称，与世界先进科技水平相比较，在总体上我国的科技水平还存在着较大差距。当今世界各国都把科学技术视为推动社会发展的巨大动力，把培养科技创新人才当做提高创新能力的战略方针。我国也不失时机地确立了科技兴国战略，确立了全面实施素质教育，提高全民素质，培养适应21世纪需要的创新人才的战略决策。党的十六大又提出要形成全民学习、终身学习的学习型社会，形成比较完善的科技和文化创新体系。要全面建设小康社会，加快推进社会主义现代化建设，我们需要一代具有创新精神的人才，需要更多更伟大的科学家和工程技术人才。我真诚地希望这套丛书能激发青少年爱祖国、爱科学的热情，树立起献身科技事业的信念，努力拼搏，勇攀高峰，争当新世纪的优秀科技创新人才。

目　录

爱读古典名著的孩童/011

"难得"的博士/020

宫廷幕僚/026

广交科学家/033

定居汉诺威/046

马车中的学者/049

热衷于创建科学院/056

"中国通"/061

发明权引起的"战争"/065

历史真相/078

计算机先驱/084

完美的二进制思想/091

破译千古之谜/098

目　录

制造"贵族"的学者/104

凄清的晚年/109

永不陨落的科学巨星/115

爱读古典名著的孩童

1652年，8岁的莱布尼茨被母亲送入尼古拉学校，开始正式上学。当时学校里开设的课程有拉丁文、希腊文、修辞学、算术、逻辑、音乐以及圣诗、路德教义等，由于莱布尼茨在上学之前已经有了较好的基础，因此在课堂学习中觉得十分轻松。同时，随着知识的不断增长，他对所学习的内容有着与其他同学不同的感受和收获，例如在阅读诗歌、逻辑学、历史著作时，他常常体验到一种特别愉快的感觉。而且，在学习中他往往独辟蹊径，有自己独特的学习方法。

直至19世纪早期，在欧洲的大多数学校里，拉丁语是一门非常重要的基础课程，能流利地读、写拉丁文是一位有教养的上层人士的基本素质，如同今日全世界的人以能读、写英语为荣一样。因此，学习拉丁语是正规学校教育的必修课程。刚入学时，莱布尼茨的拉丁文学得不太好，尤其是使用起来不甚流畅。他想：能否找到一种学好拉丁文的方法呢？

　　一天，他从自己的卧室里翻到了两本书，都与拉丁文有关，一本是古罗马学者李维（公元前59—公元17）用拉丁文写的《罗马史》，另一本则是当地莱比锡马斯教堂的音乐家、历史学家塞图斯·卡尔维苏斯编写的一部拉丁文历史学辞典。手捧着这两本书，莱布尼茨眼睛一亮。他一直对地理有着浓厚的兴趣，而又有拉丁文历史学辞典，这不正是学习历史和学习拉丁文的好方法吗？他借助卡尔维苏斯编的词典，饶有兴趣地学习李维的《罗马史》。开始阅读时，他在不懂的地方并不停下来没完没了地翻词典，而是转到能懂的地方去读，以免影响阅读的兴趣和连贯性；读完一部分后，再回过头来查辞典解决生词和不懂的地方。

用这种方法，他反复地读，最后终于把整本书读完了。他又将全书的拉丁文生词等仔细记下、背熟。过了一段时间，他再重新将书翻出来阅读，反复数次，他终于将一部拉丁文《罗马史》从读不通到能渐渐明白，对其理解从知之甚少到差不多全部掌握。而且，他在阅读和理解这部书的过程中，一方面享受到了获得新知识的乐趣，同时拉丁文水平也有了极大的提高。

一次上拉丁文课时，他大胆地使用了自己阅读的著作中的拉丁文知识，令老师和同学们大吃一惊。大家没想到一向拉丁文学得不怎么突出的莱布尼茨能把握如此高深的内容。老师心存疑惑地问："这些知识你是从哪儿学来的？"他如实相告，说自己依靠一部拉丁文历史辞典通读了李维的著作，并清楚而准确地讲述了书中的不少内容。

莱布尼茨的老师一方面为他的拉丁文水平有了显著提高而高兴，同时又认为李维所写的《罗马史》过于艰深，不适合像他这样年龄的孩子阅读。这位老师很懂得教育方式，并未将自己的担心直接对莱布尼茨讲，以免挫伤了孩子的进取心。老师找到莱布尼茨的家人，请他们注意不要过早地让他阅读学术性很深的著作，以免干扰正常功课的学习，建议他们最好让莱布尼茨多读一些为少年儿童撰写的基础入门书。

其实，莱布尼茨的家人一直很注意不让他过早地接触艰深的著作。当家人与他谈及不要将精力花在阅读像《罗马史》这样的著作时，莱布尼茨说李维的这部著作很适合他阅读，并不觉得困难。正好，一位邻居也在场，很支持莱布尼茨。这位邻居是一位"读万卷书，行万里路"的见多识广的有识之士，认为老师和家长不应该禁止莱布尼茨读那些能理解的著作，而应该因材施教，对能力超群的孩子要以多种方式支持、鼓励，哪怕孩子的行为只显示出很小的不平凡之处，也应该为孩子的成长创造条件，使孩子的能力从小就能得到充分的发展。

为了更深入地了解莱布尼茨的智力和知识水平，这位博学的邻居将他叫到自己家里，提了很多问题考这个不过10岁的小孩。邻居认为莱布尼茨思维敏捷，头脑十分灵活，所知晓的东西、理解知识的程度远远超过了10岁孩子的水平。于是，这位邻居与莱布尼茨家人商量，可以部分地向他开放父亲生前留下的藏书。

能够阅读父亲丰富的藏书，这一"礼物"使莱布尼茨高兴得跳了起来，这比送他任何玩具更让他兴奋。从开始识字、阅读时起，他就知道了许多伟大的学者，如柏拉图、亚里士多德、西塞罗、普林尼、色诺芬，但遗憾的是，他只知这些学者的大名，至多间接地了解了这些人的片言只语。他早就想，要能够直接阅读这些伟人的著作该多好！现在，他终于如愿以偿了。他看到父亲遗留下来的书籍中有那么多伟大学者的著作，欣喜若狂。

怀着强烈的求知欲和不可遏止的好奇心，莱布尼茨开始阅读古希腊、罗马时代伟大学者的著作。他常常为著作中博大精深的知识体系所折服，为大师们的宏论所倾倒，尽管他还是一个十岁左右的孩子，但依然抓紧时间努力学习。在他未满12岁时，已经熟读了古希腊、罗马的许多学者的著作，其中有一些是拉丁文原文。他受益匪浅，欧洲古典文化已经深深地影响和熏陶了他。他不仅哲学思考能力大增，语言能力也在突飞猛进；不但拉丁文的水平已相当高，而且希腊语的水平也大有长进，并能用希腊语写出流畅的短文。

随着不断阅读经典著作，莱布尼茨已不完全膜拜在古代学者的脚下，而开始与所崇拜的伟人对话。13岁时，他在思考了有关逻辑学的古典理论后，试图改进亚里士多德的范畴理论。亚里士多德（公元前384—公元前322）是人类历史上百科全书式的伟大学者，自古希腊以来备受推崇，在欧洲历史上的地位类似于中国文化中的孔子，尤其是欧洲中世纪将这位伟大的人物视为"圣人"。在逻辑学上，亚里士多德被尊为"逻辑科学之父"，一般人对其学说丝毫不敢提出任何异议。但莱布尼茨却敢于向权威挑战。在以亚里士多德的学说为基础的逻辑学中，简单概念被分成一定的等级——范畴。莱布尼茨提出了这样的问题：复合概念或一个陈述语句为什么不能被划分为不同的范畴呢？为什么它们不能按照一定的规则从其他的逻辑规则中推导出来呢？他把概念（复合）或陈述语句的这种等级称为见解的范畴，并认为它们也应该并且可以按照演绎推理的方式推导出来。莱布尼茨把自己的这一重要想法请老师回答，结果没有一位老师能给他以完满的解释，其实这也是他的老师回答不了的问题。不仅如此，老师们还劝说他现在不必去考虑这些过于深奥的问题，但他却没有停止思考这一类问题。当然，直到在数学、逻辑学方面成熟后，他才能真正探讨这些问题。不过，这的确成了他研究逻辑学的最早的源头。

一个少年思考高深的问题，引起了家长、老师们的忧虑，但莱布尼茨在思维方面的成熟，很快就打消了亲人们的担忧。他饶有兴致地探讨诸如范畴理论这些被今人仍视为抽象深奥的问题。关心他的人发现，这个少年的思维逻辑性很强，他没有成为书呆子，因为他不仅能不时提出一些学术性很强的问题，而且还能把一些抽象的哲学原理运用到现实生活的具体事情，分析生活中的事情也头头是道。

读的书多了，想的问题多了，莱布尼茨开始掌握一些切实有效的学习方法。为了记住所读书籍中的精彩内容，记下在读书过程中的问题和想法，他准备了许多小卡片，随身带着，遇有重要的内容马上记下。日积月累，还真不少，有些卡片竟保存至现在。

既爱好拉丁文的历史学专著，又喜欢思考逻辑、哲学方面的问题，莱布尼茨在学校里一定显得十分呆，像个"小老头"吧？一点也不，相反，他在学校里表现得很活泼，喜欢参加集体活动。他不仅对抽象、深奥的历史、哲学钟情，也爱好浪漫的诗歌。他从10岁起就尝试自己写诗，写得还很不错。

在圣诞节朗诵诗歌是一项传统仪式。这一年尼古拉学校把朗诵诗歌的光荣任务交给了莱布尼茨所在班的一名男孩。可就在圣诞节前几天，这个孩子病了，不能来上学。更糟糕的是，拟好的诗歌稿也在那个男孩手中，他带回家去了。当时交通不便，这个男孩住得很远，不可能很快取回稿子。没有诗歌底稿，别的学生都不敢承担这件事。正在大家焦急为难之际，莱布尼茨自告奋勇地担当起朗诵任务，并且说他将自己写出朗诵的诗歌。师生们都疑惑、紧张地看着他。莱布尼茨把自己关在房里，开始了诗歌创作。花了半天的时间，他写出了300行六言诗，令众人大吃一惊。大家争相一睹，发现他的诗合乎格律，朗朗上口，师生们无不拍手称好。在圣诞节的祈祷仪式上，莱布尼茨当众朗诵了自己创作的长诗，博得全校师生的好评。这对他的写作能力、口才和诗歌创作能力都是一次极好的考验，同学们对他也刮目相看，为他日后从事外交工作奠定了一定的基础。不仅如此，他在此后一段时间里，诗兴大发，沉浸在诗歌的吟诵、创作之中。

天资聪颖，勤奋努力，使莱布尼茨在学校里显得十分突出。他仅用6年的时间就学完了当时普通孩子10—12年才能学完的课程，而且还具备了从事研究工作的基本能力。

"难得"的博士

　　未满15岁的莱布尼茨上大学了。1661年3月复活节时，他从尼古拉学校毕业后，进入了莱比锡大学学习法律。刚一进校，他就上了大学二年级标准的人文学科的课程，主要有哲学、修辞学、拉丁文、希腊文、希伯来文和数学等以传统的经院哲学为主的课程。此外，他还抓紧时间学习文艺复兴以后的哲学和科学，广泛地阅读了培根（1561—1626）、刻卜勒（1571—1630）、伽利略（1564—1642）等人的重要著作，并且对前人的著述进行了深入的思考和评价。

他在大学的学习十分努力，到1663年，他就完成了各门课程。以后，以题为《论个体原则方面的形而上学争论》的论文获得了学士学位。

　　莱比锡大学规定，取得学士学位后若想获得硕士、博士学位，必须再进行学习、深造。莱布尼茨决定继续学习，仍然选择了法学专业。

　　同年暑期，莱布尼茨前往魏玛公国的魏玛城逗留，在耶拿大学跟随魏格尔系统地学习了欧氏几何，使他开始确信毕达哥拉斯——柏拉图的宇宙观：宇宙是一个由数学和逻辑原则所统率的和谐的整体。魏格尔颇具神秘色彩的四进位制算术理论，对莱布尼茨创立二进位制有一定的影响。

　　回到莱比锡大学后，莱布尼茨深入学习和研究法学理论，并经常出席法庭审判，熟悉法庭判决的程序和方法，将法学理论和法学实践结合起来，对法官职务也产生了浓厚的兴趣。1664年1月，他的论文《论法学之艰难》深入论述哲学是法学研究的基础，并讨论了法学基本理论的许多问题。莱布尼茨因此而获得了硕士学位。

1664年2月12日，母亲的去世使莱布尼茨感到极度悲伤。幼年他就失去了父亲，一直哺育、教导、关怀他成长的就是母亲。无论是在思想还是在性格方面，他都深受母亲的影响。他决心要干出一番事业，使自己出人头地，以告慰母亲。于是，他在忍受着失去亲人的痛苦的同时，继续努力地完成学业。

在莱比锡大学的最后一年时间里，莱布尼茨完成了一篇重要论文：《论组合术》，于1666年3月向莱比锡大学呈交，作为一篇新的答辩论文。

莱布尼茨希望他所交的论文获得通过后能被授予博士学位。但是，莱比锡大学却以他太年轻（年仅20岁）为由，拒绝授予他博士学位，而只是让他取得了"资格"——在莱比锡大学讲授哲学的资格。然而，实际上他根本不能讲授哲学，因为所获得的资格纯粹是荣誉性的，而要真正获得讲授一门课的权利，则必须得到一个助教的职位。当时莱比锡大学法学系有12个常设的助教席位，莱布尼茨十分想获得一个助教席位。可是，按照规定，助教席位只有出现空缺后才能由人替补，而且必须由法学博士按照获得博士学位的先后顺序递补。莱布尼茨未能被授予博士学位，因此他不可能递补成为一名能真正授课的助教。

由于被拒绝授予博士学位，莱布尼茨希望在莱比锡大学任教的希望化为泡影。于是，他转到纽伦堡附近的阿尔多夫大学。1666年10月4日，他几乎是一到校注册就向学校提交了准备好的博士论文。虽然阿尔多夫大学的规模比莱比锡大学小，却有着浓厚的学术氛围，学者之间的学术合作也较融洽。阿尔多夫大学的有关教授很快审议了他提交的论文。

1667年2月，莱布尼茨的博士论文答辩会在阿尔多夫大学举行，答辩以演讲的方式进行。他胸有成竹，先用散文形式，后用诗歌形式轻松自如地对论文进行阐述。用散文形式进行演讲时，他表现得从容不迫，讲得十分精彩，表现了一个演说家的才能。后改用诗歌演讲，因为诗歌较长，他就照着拟好的诗稿朗诵，由于视力不太好，需将稿子拿到眼前才能看清。坐在前排的评委问道："是否散文演讲是按提纲背诵的？"莱布尼茨解释说，散文演讲采用的是即席形式。评委们查看了他的讲稿后发现的确如此。因此，他们对这个年轻人更加刮目相看。在论文演讲和答辩过程中，他新颖而独到的观点，深深地折服了评委会的教授，评委与听众们一起为他的论文答辩鼓掌、喝彩。就连那些原来对莱布尼茨论文观点持不同看法的人，在听了他的演讲和答辩后，也对他的论文表示满意。评委会经过投票，一致同意授予这个年轻人博士学位。在大家热烈的掌声中，莱布尼茨获得了阿尔多夫大学博士学位，此时他年仅21岁。

由于博士论文的成功，以及在学术方面的才能，不久，阿尔多夫大学聘请他担任该校的法学教授。是啊，他本来就想得到莱比锡大学的助教席位，现在他可以成为教授了，他还不赶快答应吗？然而，离开莱比锡来到纽伦堡进入阿尔多夫大学后，他的思想发生了很大的变化，尤其是看到莱比锡等大学的老教授们的生活和经历，使他对自己以前的想法产生了疑惑，觉得终生过一种学院式的生活不利于自己的发展，尤其是自己还年轻，如果长期待在一个固定的地方，过着几乎与世隔绝的生活，会窒息创造力。特别是当时大学僵化的传统与学术气氛，使他对整个大学教育产生了不满。

于是，莱布尼茨拒绝了聘请，决心投身到丰富多彩的社会中去，干些更有意义的事情。

历史的发展证明，莱布尼茨的这一选择是正确的。在当时的历史条件下，大学，特别是德国的大学，没有为学者的学术发展提供最佳的环境条件。莱布尼茨众多的科学创造、伟大的思想，都来自丰富多彩的社会生活。

宫廷幕僚

　　进入社会后，莱布尼茨首先登上了政治舞台，而且从此之后他一直都或多或少地生活在与宫廷活动有关的环境中。

　　为了使自己在离开学校后能在社会上立足，他从1666年即开始直接与社会交往，在纽伦堡加入了一个炼金术士团体——玫瑰十字架兄弟会。这是一个由纽伦堡知识界人士组成的秘密社团。莱布尼茨踏进社会后担任的第一个差事，就是做玫瑰十字架兄弟会的秘书，即担任这一团体的临时代理人。关于他担任秘书的职责，他始终未予说明。其实，从事炼金术在当时的学术界并不少见。牛顿（1642—1726）等许多学者都对炼金术十分感兴趣。莱布尼茨终生对炼金术都有浓厚的兴趣，甚至病危卧床不起时，还和医生探讨炼金术。他获得了在当时对炼金术有深刻理论认识的行家的赞誉。

据莱布尼茨声称，他研究炼金术的动机是从学术出发的。如果把一些贱金属变成金银等贵重金属在实践上行得通，那么在这一操作过程中，人们就能获得有关物质结构的知识。

尽管莱布尼茨终生对炼金术兴致不减，但他在这个炼金术士团体待的时间却很短，不到几个月，他就想到荷兰或其他国家去看看，以增长见识。

1667年夏，他开始了旅行生活。在离开纽伦堡后的旅途中，他意外地遇到了博伊内堡男爵约翰·克里斯蒂安（1622—1672）。他是美因茨选帝侯兼大主教约翰·菲利普·冯·全恩博恩（1605—1673）的首任首相。选帝侯是当时有资格竞选普鲁士国王的德意志各公国的诸侯，地位十分显赫。美因茨是德意志一个十分重要的诸侯王国。博伊内堡男爵作为美因茨选帝侯的重臣，深受信任。在交谈中，莱布尼茨渊博的法律知识，处理公共事务方面的卓越见解，当然还有关于炼金术的宏论，给博伊内堡男爵留下了十分深刻的印象，觉得这是一位不可多得的能干的年轻人，力劝他接受自己的庇护，与自己一同去莱茵河畔的法兰克福。莱布尼茨接受了男爵的邀请。

在前往法兰克福的途中，莱布尼茨撰写了《法学研究和讲授的新方法》一文，使男爵深深叹服。于是，男爵将这位年轻人推荐给美因茨选帝侯。选帝侯很快任命莱布尼茨担任自己的法律顾问拉萨尔的助手，协助拉萨尔重新编纂民法，具体负责对新法律的条款作理论解释。1668年，莱布尼茨奉选帝侯之命起草了《自然法要义》、《民法要义》。1668年底被提升为上诉法院陪审法官，展示了他作为一位法学家的才华。

莱布尼茨同时为博伊内堡男爵服务。如1670年他为男爵的大量藏书编制了一个目录，并导致了他日后从事图书馆工作。他与博伊内堡男爵的密切关系，不仅对他在政治舞台上的活动十分重要，而且对提高他的修养水平和宗教情感也有重要作用。在男爵的支持下，他撰写了不少有关宗教题材的论文。虽然受母亲的影响，他笃信路德新教，然而他却将教会重新统一作为宗教研究的重要理想，并终生为之奋斗。可是具有讽刺意味的是，他在晚年被人认为是一位"什么都不信"的异教徒。当然，他在法兰克福为男爵服务的同时，也竭力为美因茨选帝侯效力。

作为美因茨选帝侯的重要幕僚，莱布尼茨为其在政治方面做了许多重要工作。这一时期他十分热衷于政治问题，而且表现出了政治才能。刚到美因茨不久，他就发表了一篇关于波兰君主大选的政治文章，有理有据、条理清楚地论证了波兰王位的继承权问题，使人看到他的政治洞察力和说理能力。在如何处理政务方面，他给美因茨选帝侯提出了许多重要而切实可行的建议。由于他对当时大学中的问题看得十分明确，因此他建议选帝侯在大学教育方面应该允许公国内各学校的师生自由交往，鼓励师生在交流学术和切磋技艺的同时，面向社会，解决社会中各种有关民生的现实问题。

莱布尼茨在国家防务、国际关系方面也表现出了敏锐的洞察力和非同一般的眼光。

1670年，他在《评如何把社会内外的安全和国家的富强置于可靠的基础之上》一文中，阐述了他对国家安全的观点。作为一位民族主义者，德意志的安危是莱布尼茨时刻关心的重要问题。他经常提出建议，如提出用大量出售西印度糖酿成的酒的方式占领法国的白兰地市场，作为遏制法国侵略的一种方式。他还曾积极劝说美因茨选帝侯支持由英国、荷兰和瑞典结成反对法国的三国联盟，写过讽刺法王路易十四的匿名文章。他在政治上的这些活动，受到了男爵和选帝侯的称赞。

莱布尼茨利用登上政治舞台的条件，广交各方朋友，与社会各界建立了极其广泛的联系。他把自己所思考的许多宗教、政治、社会、学术等各方面的问题，与有识之士讨论，用书信与熟识或不熟识的人士切磋。这种坦陈己见、与多方面学者书信交谈的习惯，伴随了他的一生。

在参与政治和社会事务的同时，莱布尼茨从一踏入社会起，就以极大的热情，花了相当多的时间和精力思考和从事与科学有关的问题，并将自己的研究心得呈交给英国皇家学会、巴黎科学院等研究机构。1669年，通过阅读英国皇家学会《会刊》，莱布尼茨了解到惠更斯（1629—1695）正在与人讨论有关碰撞的问题。这促使他开始思考与自然哲学相关的问题。

从1671年开始，莱布尼茨利用政治、外交活动开拓了与外界的广泛联系，尤以通信作为获取外界情况、与人进行思想交流的一种主要方式。正是从这一年起，他与英国皇家学会的秘书亨利·奥尔登堡（1618—1677），以及巴黎科学院的著名学者们开始了长达几十年的学术书信往来。

不仅如此，他还将科学、学术活动与社会发展结合起来，发展了一系列科学与社会的先进思想。有一些在以后的岁月中被他付诸于行动，大部分则对今天的社会发展仍有积极作用。

"三十年战争"之后，法国日渐成为强国，并且将其边界推进到德意志境内。路意十四对德意志虎视眈眈，使包括美因茨选帝侯在内的许多德意志诸侯坐卧不安，试图在政治、外交上显露身手的莱布尼茨为美因茨选帝侯出了一计：让他上书路易十四，劝他出兵埃及，并讨伐土耳其人，其真正的目的是企图使法国放弃进攻德意志。这一方案获得了博伊内堡男爵和选帝侯的赞许。于是，他们决定派遣莱布尼茨前往巴黎，由他亲自向路易十四全面阐述他的计划。

这样，怀着拯救德国的雄心，同时早就希望"到国外见世面"的莱布尼茨，在他26岁之际，开始了其作为外交官的生涯。

广交科学家

1672年3月，莱布尼茨抵达当时欧洲政治、文化的重要中心的巴黎。当然，他的外交官身份只是一名随员。他怀着热切的希望，想在巴黎施展抱负，既能完成政治外交使命，又能结识巴黎知识界的名流大师，促进他的学术发展。

然而，事不遂人愿。自从来到巴黎后，虽经多方努力，莱布尼茨不仅未能找到机会向法国国王路易十四献上征服埃及的计划，甚至连见上这位国王一面的机会也没有，而且他终身也未能见到法国国王，他的这次外交活动最后以失败而告终。

虽然他的政治外交使命未成功完成，但是却在其他方面取得了巨大的成功。莱布尼茨刚到巴黎时，由于在政治事务上花了很多精力，再加上他必须首先掌握当时欧洲外交与文化交流的通用语言——法语，因此在开始的好几个月时间里，他都没有多少时间去与法国文化界人士交往。直到1672年下半年才在巴黎开始了自己新的学术生涯。

1672年秋，莱布尼茨开始有机会结识了在科学史上占有重要地位的卓越的荷兰学者惠更斯（1629—1695）。正是通过向惠更斯学习，他认识到了数学的重要性和自己在数学方面的不足，并进而树立了从事数学研究的信心。在惠更斯的指导下，他沉浸于数学研究之中，产生了许多新的数学观念，进行了一系列创造性的数学研究工作。在巴黎的4年时间里，莱布尼茨已从一位基本上跟不上当时数学潮流的学者成长为一位成熟的、一流的数学家。

他还广泛地结交其他知识界名流，如著名的哲学家阿尔诺（1612—1694）、勒伯朗士（1638—1715）；接触到对他来说非常先进的科学、哲学和数学知识。他发现自己以前真像是一只井底之蛙，现在只有通过努力学习才能弥补自己的不足。这使他在以后的时间里，总是不放过任何机会学习和了解一切知识的机会。

在寻求各种知识的过程中，莱布尼茨下了许多苦功夫。他曾花了相当长的时间、费了许多周折，探寻法国两位伟大的学者、数学家、哲学家帕斯卡（1623—1662）与笛卡尔（1596—1650）未曾发表的著作。为此，他曾多次走访这两位学者的朋友、亲属，而且笛卡尔的一些著作只是通过莱布尼茨的手抄本才得以保存下来，如笛卡尔写于1628年的《指导我们心智的规则》一书于1701年在荷兰阿姆斯特丹出版时，所依据的正是德国汉诺威图书馆中莱布尼茨的手抄本。通过对帕斯卡、笛卡尔著作深入地学习和带有批判性的研究，莱布尼茨为后来创立自己的哲学体系奠定了坚实的基础。

从1672年3月开始，由于在外交上未取得进展，莱布尼茨未免为自己继续留在巴黎的生计暗暗担心，光拿钱不干事可不太好，而他又希望能在巴黎多待一些时间。正在这时，1672年11月16日，博伊内堡男爵的儿子菲利普·威廉来到巴黎。男爵要求莱布尼茨在继续从事外交活动的同时，照管菲利普·威廉在巴黎完成学业。这样，莱布尼茨可以继续得到选帝侯和男爵在钱财上的支持，而且继续享有官方外交人员的待遇，生计总算有了着落。虽然1672年12月他的庇护人之一的博伊内堡男爵去世了，但美因茨选帝侯也是他的庇护人，而且选帝侯是男爵的亲戚，莱布尼茨仍负责照顾菲利普·威廉，这使他在巴黎刚开始的学术生涯得以继续。

1673年1月，为了促进英国与荷兰之间的和解，他前往伦敦进行外交斡旋，就如同今日在争议双方进行和平努力的国际调解人一样。这一外交努力也未取得任何结果。

虽然外交工作以失败而告终，但第一次伦敦之行却使莱布尼茨在学术上受益匪浅。他与英国学术界建立了广泛的联系，尤其是与英国皇家学会的著名学者进行了直接交往。这对他的科学创造、科学思想的发展具有非常重要的意义。

一到伦敦，莱布尼茨就拜会了通信已近3年而未谋面的英国皇家学会秘书奥尔登堡（约1618—1677）。
奥尔登堡对他进入英国学术界起了关键作用。早在
1671年，奥尔登堡在意见不一致的情况下，在伦敦出
版了莱布尼茨提交给皇家学会的《物理学新假说》，
这使莱布尼茨十分感激，也使他自己人未至伦敦而已
为一些学者所知晓了。的确，奥尔登堡作为最著名的
早期科技管理专家，为像莱布尼茨这样的科技大师的
成长发挥了作用。

　　奥尔登堡出生于德意志的不来梅。这也许是莱布
尼茨受到关照的原因之一，因为当时德意志能有像他
这样的学者实属不易。1639年奥尔登堡在不来梅获得
硕士学位，后又在荷兰的乌德勒支大学学习，在1653
年抵达英国，很快结识了英国的著名学者，翻译了波
义耳（1627—1691）的著作，并在英国发起组织科学
团体，在1662年关于成立英国皇家学会的第一份特许
状中，被指定为其中两名秘书之一。在为英国皇家学
会服务的15年中，奥尔登堡创立了皇家学会的科学管
理体系，建立了完整的会议记录制度，创造了科学家
之间通过书信交流成果的国际通讯方式，由皇家学会

作为中介。显然莱布尼茨得益于这种形式，在近代科学的早期，科技期刊尚未出现的时期，这不失为一种有效的方式。尤其是1665年，奥尔登堡创办了在近代科技史上极有影响的英国皇家学会《哲学会刊》，这是第一份纯科学期刊，内容既有正式的科学论文，许多早期重要的科学成果即发表于此刊物，又有短篇的科技进展、书评、学术动态等内容，这一刊物成了英国和欧洲大陆科学交流的重要媒介。

通过奥尔登堡，莱布尼茨结识了波义耳、胡克（1638—1703）、佩尔（1611—1685）等英国重要学者。奥尔登堡热情地把这位年轻的德国学者介绍给英国学术界的学者，邀请他出席英国皇家学会会议，帮助他在英国寻找各种重要的科学文献，使莱布尼茨很快熟悉了当时处于前沿领域的研究课题。这对他的数学创造尤其起了促进作用。

在英国皇家学会的学术会议上，莱布尼茨的两项工作受到了英国学者的检验。其一是他撰写的《具体运动的理论》一文。在讨论这篇论文时，大家只是礼貌性地表示欢迎。这篇论文的水平的确不高；另一项则是他随身携带的一个演算器模型，这可以看做是一个简单的计算机。早在未去法国之前，莱布尼茨就制作了这样一个能进行加法、乘法运算的计算器械。他这次由法国来英国携带的正是他在德国制造的机械计算器的原型。他在英国皇家学会展示了这个计算器，受到了不少学者的关注。不过，由于胡克、莫兰等也在致力于制造计算器，因此对莱布尼茨的计算器不屑一顾。奥尔登堡极力从中协调，安排他与莫兰见面，相互切磋。大多数学者对莱布尼茨的计算器还是给予了很高的评价，奥尔登堡则鼓励他继续进行研制。后来，莱布尼茨在计算器的研究方面取得了突破，被20世纪的学者们认为是计算机科学的重要先驱之一。

与数学家佩尔的接触，也在一定程度上促进了他的数学知识的更新与数学研究水平的提高，同时他的数学水平也给英国学者留下了较深的印象。但是，他在对伦敦的第一次访问期间未能对英国的数学家在数学创造方面的新成果、新思想给予充分的重视。

参加了1673年1月29日的皇家学会会议后，奥尔登堡本来安排莱布尼茨出席1673年2月5日的皇家学会学术会议，但考虑到在机械计算器上有些英国学者对他的态度，奥尔登堡决定作罢。令莱布尼茨高兴的是，奥尔登堡表示愿意为他成为英国皇家学会会员而尽力。

在伦敦的外交工作告一段落后，莱布尼茨回到了巴黎。不久，奥尔登堡来信正式告之莱布尼茨，他已被推荐成为英国皇家学会会员。

这一时期，莱布尼茨的研究兴趣越来越明显地朝向数学和自然科学，而且出现了一系列卓越的思想，并做出了一些重要的成果。正如一位数学史家所指出的那样，莱布尼茨"不能在计算机器方面投入过多的热情，因为他突然发现，许多的数学思想已经占住了那富有创造性的头脑"。

莱布尼茨的庇护人博伊内堡男爵和美因茨选帝侯的先后辞世，使他失去了作为外交官的职位和薪金，而仅仅靠在巴黎担任男爵儿子菲利普·威廉的家庭教师的微薄收入，是难以维持生计的。

1673年3月回到巴黎后，年仅28岁的莱布尼茨尽管被人认为才华横溢，是一个难得的天才，可是他却为生计而发愁。他曾多方设法，企图谋求外交官的职位，或者在巴黎科学院谋职，而且他在法国的朋友也为他四处奔波，为他争取法国皇家学院讲座教授的职位，以使他能得到法国国王年金，并继续留在巴黎从事研究工作，可惜这些努力都以失败而告终。

天无绝人之路。1673年4月25日，汉诺或公爵约翰·弗里德里希（1625—1679）致函莱布尼茨，邀请他担任公爵府法律顾问兼汉诺威图书馆馆长，年薪为400塔勒（Thaler）[1]。莱布尼茨并未马上接受这一邀请，因为他十分留恋巴黎。这倒不是因为巴黎的物质生活，而是因为他在巴黎呼吸到了当时德意志不可能有的学术空气，他所热爱的是巴黎的学术研究环境。然而，多方求职均未成功。不得已，莱布尼茨接受了汉诺威公爵的邀请，并约定1676年正式赴汉诺威上任。

在努力寻求留在巴黎的同时，莱布尼茨抓紧时间学习和进行研究工作，尤其是在数学创造方面和计算机器的研制方面。1675年1月，他向巴黎科学院呈送了手摇乘法演变器。1674年秋，通过与数学家奥扎南（1640—1718）的交往，他开始了代数学的研究。更

1　1塔勒约合3马克。

重要的是，他在这一时期对笛卡尔的解析几何、瓦里士等人在无穷小方面的研究有了深入的了解，并且开始萌发了与微积分有关的数学思想，奠定了他创立微积分的重要基础。

莱布尼茨在巴黎的日子里，对机械设计也有浓厚的兴趣，提出了一系列技术设计的新思想，并制作了一些机械模型。

由于一直想能留在巴黎，在原定1676年1月起正式到汉诺威任职的期限终了时，莱布尼茨仍在巴黎。于是汉诺威公爵于1676年3月又来函催促他尽快赴任。此时的莱布尼茨不仅面临无经济收入的困境，而且由于研制计算器模型等花了不少钱，已经欠下了一身重债。在这样的情况下，莱布尼茨不得不在1676年10月离开了巴黎。

莱布尼茨并没有径直回国，而是在旅途中作了一系列学术访问和游历。两个星期后，莱布尼茨抵达伦敦。这是他对伦敦的第二次访问。

一到伦敦，他首先拜访了奥尔登堡。虽然莱布尼茨不谙世故，在上次访问伦敦时，奥尔登堡对莱布尼茨待若亲人，尤其是为他当选英国皇家学会会员东奔西跑，当胡克等人对他的论文、计算器挑剔时，又是奥尔登堡多方协调，但他回到巴黎后，居然在给对方的信中对奥尔登堡的努力和热情接待没作什么表示，这是不近情理的。但是，奥尔登堡并不计较这些，依然对这位德国年轻学者十分热情。当时，英国皇家学会在暑期休假后尚未聚会，大部分数学学者都在忙着各自的事情，但奥尔登堡仍安排莱布尼茨与英国著名的数学家柯林斯（1625—1683）会晤。莱布尼茨后来不止一次地说过，他的数学通用语言思想起源于他第二次访问伦敦期间，曾受到柯林斯的一些影响。柯林斯本人的数学工作也对莱布尼茨产生了一定的影响。

1676年，通过奥尔登堡，两位伟大的学者——牛顿与莱布尼茨有了学术通信联系。在第二次访问伦敦期间，虽然他未能与牛顿见面，但通过柯林斯，他了解到牛顿与格利高里（1638—1675）的一些工作。这对于微积分的创立产生了一定的影响，同时也由此引发了为争夺微积分发明的优先权，拥护牛顿的英国数学家与拥护莱布尼茨的欧洲大陆数学家之间长达百余年的笔墨官司和充满感情色彩的争吵。

　　在伦敦作短暂而有意义的停留后，莱布尼茨继续旅行。在荷兰，莱布尼茨见到了列文虎克（1632—1773），不久前，列文虎克使用显微镜第一次观察到细菌、原生动物和精子。莱布尼茨对这一发现表现出浓厚兴趣。从他的单子论哲学和有机论自然观可见列文虎克对他的影响。

　　在荷兰，他结识了一些重要的学者。莱布尼茨在阿姆斯特丹会晤了荷兰数学家赫德（1628—1704），这位数学家在1654年至1663年间做出了一系列较重要的数学研究成果，而在与莱布尼茨会晤的时候，主要精力则放在阿姆斯特丹的市政管理方面。莱布尼茨从赫德的谈话中受益匪浅，尤其是他注意到赫德有许多未发表的数学著作，令他十分高兴。

　　莱布尼茨在荷兰的海牙见到了著名哲学家斯宾诺莎（1632—1677）。当时斯宾诺莎正患肺结核，病情危急，但依然满足了他的要求。他不仅接见了这位年轻学者，而且将自己未发表的重要数学论证体裁的哲学著作《伦理学》手稿给他看，还对一系列哲学问题进行了4天热烈的讨论。这一次会晤对莱布尼茨的影响较大。他在伦理学方面的许多观点后来都秉承了斯宾诺莎的思想，而斯宾诺莎以几何学方式阐述了哲学体系则使他更加坚信毕达哥拉斯——柏拉图主义。

1676年11月底，莱布尼茨抵达德意志汉诺威定居。莱布尼茨时年30岁。

在法国的4年（包括两次访问伦敦和在荷兰的游历），对莱布尼茨一生的哲学、数学和科学创造产生了决定性的影响。通过广泛结识英国、法国、荷兰等欧洲最杰出的学者，广泛了解和学习欧洲学者的数学、科学和哲学，他开阔了眼界，活跃了思想，为自己的学术创造打下了坚实的基础，尤其是使他在数学上由一位不甚成熟的新手开始走向成熟，并做出了杰出的贡献。同时，莱布尼茨熟练地掌握了法语，这为他在以后的著述大都用法文写作，从而使其科学、哲学、数学研究能更快、更广泛地为欧洲学者所了解。

的确，从法国回到德意志的年轻的莱布尼茨，已成长为一位具有广泛国际影响的数学家、科学家。他在法国、英国的影响甚至超过在他的故乡德意志。

定居汉诺威

　　1676年11月底，莱布尼茨抵达汉诺威。担任汉诺威公爵约翰·弗里德里希的宫廷法律顾问和图书馆馆长。起初他的角色主要是充当公爵的一名幕僚。不久，他就被正式任命为宫廷议员。当时，汉诺威政府是维也纳德意志皇帝毫无约束力的统治下的上百个独立国家中的一个，汉诺威的专制首脑汉诺威公爵约翰·弗里德里希的命令，需经一个由大多数是较小贵族和法官所组成的宫廷议会批准。莱布尼茨就是这种宫廷议会的议员。然而，议员经常还像他那样被委以某些专门的职务。他被约翰·弗里德里希先后指定担任政治顾问、图书馆馆长、国际通信者（负责外交事务）、技术顾问。

作为一名图书馆馆长，莱布尼茨对图书馆事业倾注了大量的心血并且进行了繁重而琐碎的工作，如一般的行政事务、购置新书、藏书、日常的图书编目工作，曾三次搬迁图书馆。1698年图书馆终于搬进一幢单独的房子中，其中有一间为图书馆馆长的生活住房，后人将这间为莱布尼茨长期工作的房子称为"莱布尼茨屋"，曾被德国人作为重要文化遗迹加以保护。"莱布尼茨屋"在第二次世界大战中被毁，后来，人们又在原址照原样进行修复，并于1983年举行了"莱布尼茨屋"落成典礼。

莱布尼茨在图书馆事业的管理与理论研究方面也有卓越贡献。他后来还兼任了其他图书馆馆长职务，在图书馆学发展史上占有重要地位，同时他在这方面的工作又与其百科全书式的思想体系、科学社会思想密切相关。

在充任技术顾问方面，莱布尼茨一直对各种技术革新、改善，技术机器设计抱有浓厚的兴趣，如他在计算器方面的努力。因为他经常从事研究，不时有各种新思想、新成果在脑中形成，而又经常四处奔波，于是，在旅途中坐在马车上写作是他一贯的工作方式。但当时的马车颠簸得十分厉害，于是他曾花了很多时间改进马车设计。1679年，他曾向约翰·弗里德里希提出了一个利用风力抽水提高哈兹银矿产量的计划。

在汉诺威定居后，莱布尼茨广泛地研究哲学和各种科学、技术问题。他的数学思想、哲学思想逐渐走向成熟，同时他还从事多方面的学术文化和社会政治活动。作为宫廷议员，他在社会上开始有一定声望，生活也渐渐有了保障，并富裕起来。

从1667年底抵达汉诺威后，除了因学术和宫廷事务出外旅行之外，汉诺威成了莱布尼茨的永久居住地。在他曾担任40年图书馆馆长的汉诺威图书馆、今德国下萨克森州立图书馆内仍设有"莱布尼茨研究所"。

马车中的学者

　　1679年12月，汉诺威公爵（又称不伦瑞克公爵）约翰·弗里德里希突然去世，其弟恩斯特·奥古斯特继承爵位。新公爵使莱布尼茨在宫廷中的地位更加稳固，尤其是公爵夫人苏菲很爱读书，对哲学著作情有独钟，并且是莱布尼茨哲学的热情崇拜者。莱布尼茨这位哲学大师在其宫中使公爵夫人十分高兴。

　　"世界上没有两片完全相同的树叶"这一哲学名言就出自莱布尼茨与苏菲的谈话。一天，苏菲向他请教一些哲学问题。在论证个体差异的绝对性时，他就讲了上述生动、形象而具体的比喻。苏菲大为赞叹，当即与宫女在宫廷院子中仔细搜集各种树叶，发现不论两片树叶怎么样类似，总能发现它们之间的差异。等宫女们安静下来之后，他又对苏菲说："其实世界上也没有两片完全不相同的树叶。"公爵夫人与宫女们又再次忙乎了好大一阵子，证实哲学大师思想的深邃。

除了继续担任法律顾问、图书馆馆长等职务外，公爵奥古斯特委派莱布尼茨撰写不伦瑞克家族的家谱、族谱。不伦瑞克家族的后代不仅担任着（世袭）汉诺威公爵，而且还有一分支担任沃尔芬比特公爵。但是，奥古斯特并不满足于此，而是试图以证实和公布不伦瑞克家族的历史渊源来扩张其成为选帝侯、有资格充任欧洲君主的雄心。公爵将这一任务交给莱布尼茨，让他广泛查阅材料，写出一本令不伦瑞克家族满意的关于这个显赫家族的历史脉络著作。公爵要求这部历史著作要尽可能地从最早的年代写起，追溯的历史源头越远越好，然后直至当时。为此，这位公爵保证长期付给莱布尼茨薪水，并且尽可能提供一切方便。

这一工作虽是直接为宫廷服务，对莱布尼茨来说却是一项严肃的历史研究工作。但是由于他长时期陷在哈兹矿山的技术改造事务中，一直未能正式开展这一历史研究，直到哈兹工程中他的计划以失败告终，才不得不于1686年12月放弃风力抽水的实验。从此，他开始了作为一名宫廷历史学家的生涯。

莱布尼茨很快详细地研究了当地有价值的历史档案材料。他向奥古斯特提出，为了获得丰富而详尽的档案，必须查找欧洲各地所能找到的相关档案。公爵爽快地答应了。于是，为了这项宫廷历史研究，他进行了一系列的学术旅行，因为有宫廷的支持，欧洲所有的档案馆和图书馆都向他敞开了大门。更为重要的是，他利用这一难得的机会，会晤了全欧洲不少著名的人士，并与他们探讨有关科学、社会与学术问题。

1687年10月，莱布尼茨离开汉诺威，开始在欧洲境内的学术、档案考察。每到一地，除了查找档案，会见各地的显贵外，他利用一切可能的条件结识学者和科学家。首先，他到了慕尼黑。在那里他发现了一个重要的材料。该材料表明格威尔夫家族与不伦瑞克家族相关，即不伦瑞克家族是格威尔夫家族的一个分支。这是一条撰写公爵的家族史十分重要的线索。

1688年5月，莱布尼茨抵达维也纳，同年10月觐见了奥地利皇帝利奥波德一世（1640—1705），并呈上了一系列有关经济、科学改革的计划。这些计划给这位当时兼任神圣罗马皇帝的君主留下了深刻印象。莱布尼茨试图在奥地利宫廷中谋一职位，但这一请求直到1713年才得到肯定的答复，而他请求奥地利宫廷建立一个"世界图书馆"的计划却始终未能实现。

随后，他前往威尼斯，然后抵达罗马。在罗马，他希望拜见克里斯蒂纳女王（1626—1689），可女王已去世，而他却当选为女王所创立的罗马数学与数学科学院的成员。

1689年莱布尼茨在罗马期间，遇见了耶稣会传教士格里马尔迪（1639—1712）。这位传教士作为中国清朝宫廷的数学家不久将前往北京，其中文教名为闵明我。格里马尔迪唤醒了他对中国文化经久不衰的兴趣，使莱布尼茨在中西文化交流史上占据了极其重要而光辉的位置。

在从罗马往北返回的途中，在佛罗伦萨，莱布尼茨与伽利略的学生维维安尼（1622—1703）就数学问题进行了富有成效的交流。在意大利另一北部城市波隆那，莱布尼茨会见了生物学家、医学家马尔丕基（1628—1694）。

至1690年2月，莱布尼茨已能证明不伦瑞克家族与格威尔夫家族有着最早的亲缘关系，至此他的这一家族史研究项目暂告完成。

1690年3月，莱布尼茨返回汉诺威，沿途当然也作了一些停留和访问。在他长达两年半的访问结束后，莱布尼茨已积累了大量档案材料。他历经千辛万苦寻访、查找的历史资料令不伦瑞克家族皆大欢喜，尤其是属于该家族的汉诺威公爵、吕内堡公爵等更是兴奋异常。

在返回汉诺威的途中及回到汉诺威后，莱布尼茨获得了不伦瑞克家族各支系所管辖的宫廷中的兼职，因而大大改善了自己的地位，并获得了奥古斯特藏书主管的职位，不伦瑞克家族其他支系的几位公爵答应付给他出版格威尔夫家族历史的1/3的报酬。1691年，恩斯特·奥古斯特公爵兄弟又给了他一笔津贴。由于在收集档案材料及撰写家族史方面所做出的贡献，1696年，莱布尼茨被提升为秘密顾问官，这时，他的薪水为每年从汉诺威得到1000塔拉，从不伦瑞克家族的沃尔芬比特尔公爵处得到400塔拉，从同一家族的塞尔公爵处得到200塔拉，其中最少的这笔薪水也比当时一个熟练工人挣得的收入多。不过，他的工作也是异常辛苦的，他差不多在汉诺威、沃尔芬比特尔、塞尔各处来回奔波，在各处所待的时间都差不多，而绕这几个地方一圈大约有200千米左右，因此他的许多时间都花在旅途之中。幸亏他有一辆专用马车，这样他的一篇篇传世之作很多都是在颠簸的马车中撰写的。有的历史学家认为，莱布尼茨之所以对改进车辆设计很感兴趣，最主要的原因是为了方便他在旅途中写文章。

莱布尼茨成功地为不伦瑞克家族争得了选帝侯的地位。在1692年，恩斯特·奥古斯特公爵被推选到汉诺威选帝侯的重要位置上，为后来的汉诺威选帝侯继承英国王位奠定了重要的基础。

莱布尼茨编写《不伦瑞克史料集》花了很多的时间和精力，在1698年至1700年他就出版了六大卷有关格威尔夫家族的史料，其中大部分是以往未发表过的。1707年至1711年，出版了三卷本《不伦瑞克史料集》。由于他将这个家族的历史当做整个欧洲文明史的一部分，把要写的东西扩展得太宽，追溯的源头太远，如他从矿山和化石韵形成、欧洲部落的迁徙、欧洲语言的形成作为出发点，因此他虽然努力工作，至逝世时为止也只写到了公元1005年，大部分是在他去世以后才出版。而且他还受到了不伦瑞克家族各分支公爵的抱怨，说他的进展太慢，并且说"莱布尼茨什么事都做，就是不做那些付给他薪水的事"。

的确，在从事家族史研究的同时，莱布尼茨从事了一系列卓有成效的科学、哲学和数学方面的创造性的工作。他与众多的欧洲著名数学家、哲学家进行了学术通信联系，为在欧洲大陆推动微积分、代数学的发展做出了重要贡献。不仅如此，随着见识的增加，他思考与宫廷、王室强盛有关的问题，开始形成了较为成熟的科学技术与社会发展的思想。这在当时也只有像他这样的百科全书式的学者才能产生这种观念。

热衷于创建科学院

在1700年前后的世纪转换之际，莱布尼茨热心地从事于科学院的筹划、建设事务。他提出了在美因茨、汉诺威、汉堡和波兰建立科学院的试验性计划，并对在柏林、德累斯顿、维也纳和圣彼得堡建立科学院提出了具体建议。他竭力倡导集中人才研究学术、文化和工程技术，以促进社会生产，指导社会发展。

从1695年起，他就开始为在柏林建立科学院四处奔波。以柏林为其计划的目标，是因为他寻找到了一位重要的庇护人，勃兰登堡选帝侯之妻苏菲·夏洛特。

她是汉诺威选帝侯恩斯特·奥古斯特与苏菲之女，而其母苏菲是莱布尼茨哲学的热情崇拜者。勃兰登堡选帝侯（夏洛特之夫）后来于1701年当上普鲁士国王，即著名的弗里德里希一世（1657—1713）。苏菲·夏洛特十分支持莱布尼茨在柏林创办科学院，并于1698年，邀请他亲赴柏林，将自己最好的办公室让给莱布尼茨这位来自父母宫廷的学者使用。这是莱布尼茨第一次来柏林。他利用苏菲·夏洛特提供的便利条件及勃兰登堡选帝侯夫妇的声望，广为宣传，积极游说，争取人们的支持。1700年，他被第二次邀请前往柏林，正是在这一年他在柏林期间，勃兰登堡选帝侯对建立柏林科学院的计划给予了决定性的支持，甚至对拟建一座天文台、一座图书馆的想法也表示予以支持。

1700年，在莱布尼茨的努力下，柏林科学院建立起来了。他出任首任院长直至去世。由于他奔波于各个王室之间，无法对柏林科学院投入很多的精力，致使柏林科学院办得不如英国皇家学会、法国科学院那样成功，但总的来说在当时的德意志还是很不错的。柏林科学院定期开会讨论有关的科学论文。1710年，该院用拉丁文出版了《柏林科学院集刊》第一卷，共收入涉及数学、自然科学的论文58篇，其中有莱布尼茨本人的创造性科学论文12篇，在科学史上具有相当高的价值。可是其他的文章却水平不高，令莱布尼茨颇感失望。苏菲·夏洛特于1705年逝世后，柏林科学院得到的支持与资助越来越少了。莱布尼茨于1711年对柏林的最后一次访问之后，柏林科学院的活动暂告一段落。尽管如此，柏林科学院提高了普鲁士的地位，后来又得以再次复兴，成为德意志重要的科学研究基地。莱布尼茨作为柏林科学院的创始人功不可没。

1700年2月，因为在数学、自然科学方面的突出成就，莱布尼茨被选为法国科学院院士，这对于曾经想在法国从事研究事业的莱布尼茨来说，的确是一个荣誉。

莱布尼茨在普鲁士创建柏林科学院的初步成功，使他想说服自己故乡的萨克森公国选帝侯在德累斯顿建立一个科学院，在1703年至1704年间，他到萨克森公国游说，可是这一提议始终未获得萨克森宫廷议会的支持。与此同时，他还在多处游说设立科学院。在维也纳，他的努力获得了部分的成功，维也纳皇帝在1713年初授予他帝国顾问的职位。据传还封他为男爵，邀请他指导正在筹建的维也纳科学院。由于种种原因，维也纳科学院直到莱布尼茨逝世也没能建起来。

莱布尼茨从1711年起，对俄国沙皇彼得大帝（1672—1725）的雄才大略十分钦佩，并有意识地接近沙皇。1711年10月14日，彼得大帝的儿子（皇太子）阿列克谢的婚礼在托尔甘纳举行，得知彼得大帝参加的消息后，莱布尼茨也来到了托尔甘纳，诚如他自己写的那样："我到托尔甘纳去，与其说是为了观看婚礼，不如说是为了看看杰出的俄国沙皇。这位伟大君王的才华是很出众的。"的确，在1711年直至莱布尼茨去世的1716年，当彼得大帝三次到欧洲出访时，他都设法拜见，并劝说这位俄国沙皇在圣彼得堡建立科学院。莱布尼茨的建议对彼得大帝产生了积极的影响。1712年，彼得大帝任命他为彼得堡宫廷秘密顾问官。这是一个有薪水的数学和科学顾问的职务，并支持一些有关的科学研究计划。虽然直至莱布尼茨去世，彼得堡科学院未能建立起来，但他提出的计划一直在施行，后来在1724年终于建立了彼得堡科学院。这就是20世纪很有影响的世界科研机构——苏联科学院——俄罗斯科学院的前身。科学史家们在描述苏联科学院（俄罗斯科学院）的历史时，都不会忘记莱布尼茨在其奠基时期的作用。

　　由于莱布尼茨在创建和计划筹建柏林、维也纳、彼得堡科学院的过程中，都不同程度地受到了各自宫廷的礼遇，在1712—1713年左右，他同时被5个不同的王室雇佣，在5个王室宫廷中领取薪水。这在一定程度上反映了他的杰出才能。

"中国通"

1697年12月14日，在写给勃兰登堡选帝侯之妻苏菲·夏洛特的信中，莱布尼茨不无高兴地说："我在我的门上贴了一个纸条：'有关中国动态办公室'，以便每个人都知道，人们可以向我提出了解中国最新情况的请求。"

他一点也没有夸张。在得到了许多有关中国的资料，并经过研究获得一些看法和心得后，莱布尼茨立即着手发表有关中国问题的文献和研究成果。

1697年，莱布尼茨编辑出版了一部拉丁文的《中国近事》，这是利用来华耶稣会士的书信和报告编辑而成的介绍中国的重要著作。

《中国近事》出版后，引起了耶稣会传教士白晋（1656—1730）的注意。白晋于1687年来华，1688年抵达北京，不久留在清朝宫廷讲授西学，深受中国清朝康熙皇帝的器重，他还于1693年回法国聘请精通科学的学者来华。正是在法国期间，莱布尼茨的《中国近事》令白晋很感兴趣，于当年10月18日将自己所著的《中国当朝皇帝传》（一作《康熙帝传》，又称《中国皇帝之历史肖像》）寄赠莱布尼茨，两人由此建立了密切的通信联系。1699年白晋再度来华，同年莱布尼茨将白晋的著作由法文译为拉丁文，作为《中国近事》第二版的重要内容。两人就中国文化的许多问题进行了广泛的书信讨论，尤其以1701年至1703年间关于二进位制与易图的通信受世人关注。

在为欧洲众多王室筹划建立科学院的同时，莱布尼茨也关注中国的科学发展。在1704年7月28日致白晋的信中，他问道：中国是否有像欧洲那样的大学、科学院或类似的机构？如果没有，应该设法劝说康熙皇帝建立起来，以便有利于各种科学的研究。他不仅认为欧洲各国应加强科学研究的合作，还提出中国人和欧洲人也应联合进行研究工作。这一设想，在20世纪终于得以实现了。

作为一位伟大的百科全书式的学者，莱布尼茨对人类文明的一切成就都怀有浓厚的兴趣。他所生活的时代，正是中国清朝初期，一批欧洲传教士在中国活动频繁的时期。在给中国输入西方文化（其中包括科学技术）的同时，也给欧洲学者发回了有关中国文化的通报。莱布尼茨通过耶稣会传教士介绍的情况，对中国及中国文化进行了研究，阐述了一系列意义深远的观点。鉴于他在人类思想发展史上的崇高地位，以及他几乎是近代欧洲最早关注中国文化的著名学者，近年来研究中西方文化交流的学者对莱布尼茨与中国这一课题给予了超乎寻常的热情和重视。

1977年，夏威夷大学出版社出版了蒙哥利的《莱布尼茨与儒家学说：探索和谐》一书，继出版了德文、英文版莱布尼茨的《论中国人的自然神学》后，1990年，又编辑整理出版了《莱布尼茨关于中国的通信：与耶稣会传教士的书信往来（1689—1714）》一书，选登了70封信件，其中由莱布尼茨写出的有42封。我们可以从中了解这位伟大学者的思想。

莱布尼茨对中国文化的关注和浓厚的兴趣，主要原因是出自其建立百科全书知识体系、尽量收集世界文化的一切资料的需要，这在他的百科全书知识体系方案中是十分明显的。同时，由于他自己出身于当时科学文化尚落后的德意志，在巴黎和伦敦居住、访问时，一些学者对他及德意志文化的鄙视态度，使他能够平等而客观地接受一切人类文化，进而成为融合东西方文化的伟大先驱。

当时学者们将他称为"中国通"。在长达50年的时间里，莱布尼茨只要有机会，就收集有关中国文化的情况和论著，进行了卓有价值的研究，这在当时是难能可贵的。随着时光的流逝，他的研究工作恰如陈年佳酿，越来越散发出浓郁的芬芳。

发明权引起的"战争"

1693年，牛顿经历了差不多一年的病痛折磨后终于康复了。秋天，一个偶然的机会，他听说欧洲大陆的学者都在谈论和研究微积分，并且几乎将这一数学分支与莱布尼茨等同起来，将微积分的发明权归功于莱布尼茨。

这一消息总的说来是准确的。欧洲大陆的学者自从阅读了莱布尼茨在1684年发表的有史以来第一篇微积分学论文后，又相继阅读了他发表的积分学论文，尔后又有同一主题的文章问世。他们发现，利用莱布尼茨的方法、思想，可以轻而易举地解决许多以前人们束手无策的问题，而利用他的符号，则能够很快地记住一系列相关的新公式，演算起来也得心应手。虽说这位德国人的理论在逻辑上尚不能自圆其说，但却有用——用别的方法费尽千辛万苦才得来的结论，用这一理论很容易就解决了。学者们不禁对莱布尼茨刮目相看，将他视为微积分理所当然的发明人。

1712年，伦敦大街上不少普通的行人都知道，他们的皇家学会会长、造币局局长爱萨克·牛顿爵士，在数学上做出了不起的成就，而海峡对面的一个叫莱布尼茨的宫廷文人，剽窃了牛顿的工作而抢先发表，这个贼、撒谎的家伙竟宣称自己是微积分的发明人。绅士们在茶余饭后谈起此事，都怀着真诚的爱国心，赞扬牛顿爵士，认为他是王室的骄傲，安娜女王封这位贫苦家庭出身的学者为贵族太对了。谁要是替莱布尼茨说一两句话，大家就会怀疑他是否爱国。这位汉诺威宫廷的家伙1676年来伦敦时，将詹姆士·格里哥利的研究结果说成是他的，从皇家学会的人那儿骗取了牛顿的手稿副本，剽窃了我们英国人的成果，还不是因为那时皇家学会的秘书与那个家伙是同乡。莱布尼茨与牛顿有关微积分发明优先权的问题，已经被煽动成了关系到英国人荣誉、爱国心的大事。

微积分的巨大威力在17世纪90年代已开始显示出来了。这实际上离莱布尼茨、牛顿发表他们各自的成果尚不到10年。由于这是数学领域中最为辉煌的成就之一，人们自然对其创造者十分重视，而且"微积分创造者"这一荣誉的确是太重要了。然而，当人们意识到应将桂冠授予谁时，却产生了严重分歧，并因此引发了一场科学史上最著名的微积分发明优先权的争论。

在1695年出版的瓦里士的《数学著作集（I）》序言中，瓦里士宣称，处理有关无穷量方法（即微积分）的优先权属于牛顿。不仅如此，实际上，从他所挑选的词句中，人们明显地可以推出莱布尼茨剽窃了牛顿有关微积分的成果。瓦里士是英国著名的数学家，当时在整个欧洲数学界享有盛名，在代数学、几何学、微积分方面做出了卓越成就，是微积分理论的重要先驱之一，而且从1649年起（时年33岁）即担任牛津大学著名的沙维利数学教授席位——该席位在数学史上的地位堪与剑桥大学的路卡斯教授席位媲美，并保持至去世，是包括牛顿在内的英国学者十分敬重的数学大师，在英国数学界，是一位十分活跃的仁厚长者。瓦里士十分欣赏牛顿的才华和成就，曾不断地努力劝说牛顿出版在微积分领域的研究著作。

瓦里士获得了1673年至1677年间莱布尼茨与奥尔登堡学术通信的数件抄本，又经牛顿、莱布尼茨的许可，获准出版他们之间所讨论问题的文献（主要是他们两人之间的信件），这些内容包括在瓦里士1699年出版的《数学著作集（Ⅲ）》中。然而，他所收集的这些文献并不是以原始材料为基础，而是由经过删改的重要章节的抄件汇集而成的。其结果是，读者很容易得到这样的印象：牛顿在获得无穷小研究领域（求切线的方法，处理面积问题的无穷级数方法，以及切线的反问题）中的决定性成果方面，的确拥有优先权。而莱布尼茨则因为从牛顿那里获得了这些成果而被指控为犯有剽窃的过错。不论瓦里士的动机怎样，他在《数学著作集》中对莱布尼茨与牛顿的态度的确成了优先权争论的导火索。

1699年，瑞士学者丢利埃（1664—1753）以瓦里士《数学著作集》中的材料和观点为依据，在寄给英国皇家学会的一本极短的小册子中，宣称牛顿是微积分的"第一发明人"，莱布尼茨是"第二发明人"，牛顿比莱布尼茨早很多年发明了微积分，莱布尼茨"曾从牛顿那里有所借鉴"，甚至可能是"剽窃"。这样，丢利埃的小册子表达了瓦里士没有明说的观点，公开挑起了争论，掀起了一场旷日持久的"战争"。

1700年，为了捍卫自己，莱布尼茨在《学术记事》杂志上撰文，对丢利埃和瓦里士的观点予以了强有力的反驳。他坚持强调，自己从牛顿那儿获得的仅仅只是结论，而不是方法。1684年，他已经发表了微积分学的基本概念，而牛顿直到3年后的1687年才在其《自然哲学的数学原理》中出现类似的结果。

丢利埃是一位易冲动、神经过敏的学者，由于他使用粗俗的表达方式，结果使得这一场争论慢慢地越出了科学讨论的氛围，而演变成了具有宗教性质的派别之争，双方狂热的信徒为此大闹不止。莱布尼茨与牛顿也被深深地卷入其中。

瓦里士对莱布尼茨含沙射影的攻击，在1703年又被薛依勒（1671—1743）重提。薛依勒是一位出生在苏格兰的医生、数学家和神学家，是英伦三岛"牛顿学说"最主要的一位代表人物，1702年出版的《发烧新理论》是医学力学观中具有数学特征和牛顿学说的代表作。在阅读了瓦里士《数学著作集（I）》第一卷、《数学著作集（III）》中有关牛顿、莱布尼茨论文的片断后，薛依勒决心要捍卫牛顿的优先权，在1703年出版《流数反方法》一书。书中一方面坚持瓦里士对莱布尼茨的攻击，另一方面从瓦里士披露的牛顿的论文出发，推导求面积的方法并应用于一些特殊的问题，试图以此来证明，莱布尼茨的确是由于受了牛顿的启发而创立了微积分。

1703年，莱布尼茨在《学术记事》上对薛依勒刚出版的书进行了坚决反击，声明自己绝不是受牛顿的启发而发明了微积分。

令薛依勒万万没想到的是，出于捍卫牛顿而出版的《流数反方法》，竟遭到了牛顿的朋友和牛顿本人的不满和严厉批评。先是棣莫弗（1667—1754）猛烈攻击薛依勒歪曲了牛顿流数法，认为其著作凭自己的理解所阐述的流数法及用于求面积的方法，根本与牛顿的思想不符。接着，牛顿看了薛依勒的著作十分生气，有心想撰文反驳，转念一想又觉不妥，怎么办呢？

牛顿终于想出了一个办法：将自己早年研究的流数法（微积分）的著述出版，薛依勒的荒谬理解将不攻自破，从而可以让世人了解自己的真正方法与思想。于是，在1704年出版的名著《光学》中，他将最详尽的描述流数理论的著作《曲线求积术》[1]与《三次曲线枚举》一起，作为《光学》的附录出版。《曲线求积术》才比较完整地反映了牛顿的微积分方法。牛顿原本想将这部著作作为未完成的《几何》第二卷，但为正本清源，只好提前作为《光学》附录的一部分

---

1 一般认为，《曲线求积术》是牛顿1676年的手稿（即完成于1676年），但最近的研究表明，这部著作牛顿直到1691年才完成。

出版。在书中，他不仅较为系统地阐述了自己的方法，而且重新解释了他的符号。

从牛顿1704年迫不得已提前发表《曲线求积术》这一事中可以推断出，牛顿在与莱布尼茨通信中的确只讲述了结果，而没有透露方法。而且通信的内容曾在皇家学会上宣读，所以谈不上剽窃的问题。从薛依勒的《流数反方法》中可以看出，若按照牛顿与莱布尼茨通信的信息，不可能发展出正确的微积分原理，因此，莱布尼茨受牛顿启发的说法也就不攻自破。

1705年，《学术记事》发表了一篇评论牛顿《光学》的文章。文章指出，牛顿在1687年《自然哲学原理》中已经表述了流数原理，但在《光学》所附的《曲线求积术》中，却改变了1687年的叙述方式，而在1684年就有学者发表了有关求切线的文章，于是，文章的作者批评牛顿在《曲线求积术》中"用流数偷换了莱布尼茨的微积分"。不久，人们就弄清楚了，这篇书评的作者就是莱布尼茨。

对莱布尼茨用匿名的方式所作的批评，牛顿十分恼怒，于是亲自写了一篇针对《光学》书评的反批评文章，谴责莱布尼茨。不仅如此，牛顿还提供了一些附加的材料给英国数学家克尔[1]（1671—1721），让克尔进行论证，以捍卫自己而批驳莱布尼茨。

1710年，克尔发表文章，正式指控莱布尼茨剽窃了牛顿的微积分发明成果，引起了欧洲学术界乃至上流社会的一片哗然。欧洲大陆的数学家们再也按捺不住了，面对克尔"有理有据"的指控，他们开始了对牛顿和英国数学家充满敌意的攻击，其核心人物是约翰·贝努利。

鉴于争论日趋激烈，尤其是1711年莱布尼茨对克尔文章进行的全面驳斥，以及欧洲大陆学者带有强烈感情色彩的批驳，1712年，英国皇家学会成立了一个专门委员会——调查牛顿——莱布尼茨关于微积分优先权委员会。表面上看来，该委员会是为主持公道进行调查而成立的，但真正目的是为了反对莱布尼茨。为此，该委员会决定集中收集、编辑瓦里士提及的有

1　克尔是牛顿学说的积极拥护者和宣传者，于1712年至1721年任牛津大学沙维利天文学教席位，第一个开设讲授牛顿学说的课程，并发展了牛顿的光学说理论和自然哲学理论。

关信件，更进一步出版牛顿早期有关微积分的著作。

1713年初，该委员会公布了著名的《通报》这份经过精心编选的文献，包括牛顿——莱布尼茨的通信、莱布尼茨——奥尔登堡、莱布尼茨——科林斯等之间的通信，有关微积分优先权争论爆发以来对牛顿有利的"考据"文章，对莱布尼茨、约翰·贝努利等欧洲大陆数学家的批驳文章。当然，还有该委员会对这场争论所进行的"全面分析"。《通报》明确宣布：确认牛顿为微积分的第一发明人。那些将第一发明人的荣誉归于莱布尼茨先生的人，实际上是因为他们对莱布尼茨于柯林斯和奥尔登堡先生之间的通信一无所知。

对这样一份充满偏见的调查，莱布尼茨气愤至极。他向英国皇家学会提出申诉，认为调查对他严重不公，因为牛顿本人身为英国皇家学会会长（从1703年起就任直至1727年去世），而委员会的主要成员哈雷（1656—1742）、泰勒（1685—1731）、棣莫弗等全都是牛顿的好朋友，甚至是捍卫牛顿的"铁杆卫士"。莱布尼茨哪里知道，人们直至最近才彻底调查清楚，这份《通报》完全是出自牛顿本人之手！

然而，这份裁决，却被人们当做定论接受竟长达140余年之久，其影响直至20世纪上半叶。20世纪，有关的历史研究人员通过对更加广泛的材料进行深入的调查，在仔细研究的基础上确认，《通报》中的论据和结论是错误的！

而在当时，面对申诉，英国皇家学会竟无动于衷。出于无奈，莱布尼茨自己于1713年7月，起草了一份《快报》在学术界和上流社会散发。《快报》愤怒地指责牛顿想独占全部微积分的成果和功劳，指责调查委员会的不公。《快报》引用一位"首席数学家"的判断指出，牛顿在17世纪70年代所发明的只是无穷级数而不是流数法。不难看出，所谓"首席数学家"就是约翰·贝努利，是在双方争论中坚决拥护莱布尼茨的欧洲大陆数学家的最著名的代表。见到这份《快报》后，牛顿讥讽地将之称为"飞页"，与英伦三岛的数学家对此嘲笑不已。

《通报》与《快报》的发行，使拥护牛顿的数学家（主要是英伦三岛的学者）与拥护莱布尼茨的数学家（主要是欧洲大陆的学者）形成了阵营分明的两大派，双方为各自的领袖争辩不已，指控对方，言辞已几乎无关学术，而成了一种具有纯战斗味的"笔战"。

看到欧洲著名的数学家们卷入这样一种越来越激烈的争论，一些中立的学者、社会显贵们试图进行调解。汉诺威选帝侯乔治·路德——后来的英国国王乔治一世访问英国时，莱布尼茨在英国的朋友想充当和解使者。他们知道乔治·路德这时已取得了英国国王的继承权，是牛顿的未来国王，而莱布尼茨多年来一直为汉诺威选帝侯家族服务，尤其为乔治·路德继承英国王位立下了汗马功劳，因此由这位选帝侯充当调解人是最合适的。但据牛顿宣称："他们未能使我屈服。"

莱布尼茨为自己蒙受的不公正评价和指控而深感不安，眼看关于优先权的争论越来越带感情色彩，根本不可能收集、辨析早期微积分具体的学术思想发展脉络，对科学论文、学术讨论的分析无法进行。在这种情况下，为了澄清历史的本来面目，对历史和自己负责，1714年，莱布尼茨在身体状况日渐恶化、社会处境不妙的艰难时刻，写了《微积分的历史和起源》。在这部著作中，他表述了关于自己思想发展的详细历程，分析了与英国学者通信的情况，是一份关于微积分历史的珍贵史料。当然，该书是在他从事微积分研究多年后才写的，这时对微积分的巨大洞察力和深刻理解力已不可与探索时期同日而语，再加上人的记忆力随着年龄的增长有不可避免的衰减和模糊，更主要的是，他撰写此书的目的是为了反驳强加于他的剽窃的罪名进而保卫自己，因此很可能自觉或不自觉地歪曲了关于自己早期思想的来源。但据数学家们深入研究，这部历史著作的可信度很高。不过，当时这一著作并未公布于众，直至19世纪才出版。

历史的真相究竟是什么？有历史的真相吗？反正莱布尼茨在1716年去世时，心里一定有着无限的委屈，至少他是背着剽窃的罪名走完了生命的历程，尽管绝大多数欧洲大陆数学家认为他是微积分的真正发明人之一。

历史真相

　　1716年莱布尼茨惨然地走完了人生旅程。关于优先权的争论出现了转机，欧洲社会，至少在学术界有一种风尚：当争论一方的当事者不在人世后，另一方一般不再发表挑战性的言词，我们看到，不少论战的著述在辩论对手去世后就压下不发表了。因此，1716年后学者们想使这一争论和解。

　　经过法国数学家瓦里格农（1654—1722）的斡旋，坚决捍卫莱布尼茨的约翰·贝努利首先表示愿意和解，因为这种非学术的争论根本无助于捍卫莱布尼茨。年过七旬的牛顿一生为多次优先权争论所困扰，被弄得焦头烂额[1]，经瓦里格农等人的劝说，加之对微积分优先权的争论已感到厌倦，也有和解之意。1722年，在重印《通报》时，牛顿及其调查委员会做出了一个和解的姿态，删去了一些过激的言辞以及一些攻击约翰·贝努利的词句。但基本结论未变！

1727牛顿去世后，关于微积分优先权的争论在两位伟大学者的信徒和崇拜者之间仍在继续。

经过长时间的调查与研究，20世纪人们对这一桩优先权案件终于有了一致的认识：牛顿与莱布尼茨分别独立地发明了微积分，两人都是微积分的发明者、奠基人。

从发明的时间上来说，牛顿比莱布尼茨早大约十年。牛顿对微积分的研究始于1664年秋，当他于1665年夏至1667年春在家乡躲避瘟疫的"黄金时期"，在微积分研究（还包括其他许多自然科学研究）方面取得了突破性进展。据他后来自述，1665年11月发明流数术（微分学），1666年5月建立反流数术。莱布尼茨

---

1 如关于万有引力定律的发明优先权与胡克的争执，等等。

则在1673年开始研究微积分，1675年至1676年期间先后发明积分学和微分学，如我们在前面所述，莱布尼茨建立的是一套相当标准的微分学、积分学体系（称为切线问题与反切线问题）。

但从公布的时间上来看，莱布尼茨却比牛顿早3年。我们已知道，莱布尼茨1684年在《学术记事》上发表了世界上第一篇微积分论文《关于微分学》，1686年又在《学术记事》上发表了关于积分学的论文，说明了关于微积分的运算体系、规则，并附带地阐述了微分与积分之间的互逆关系。牛顿关于微积分方法的第一次公开表述，出现在1687年的巨著《自然哲学的数学原理》中，其中关于流数（微分、导数）的"首末比方法"是以几何形式出现的，而没有给出明显的关于微积分的公式形式，而其他的关于微积分的著作发表得更晚，如我们已经指出的《曲线求积术》发表于1704年，而牛顿脱稿于1671年的《流数术方法和无穷级数》则直到1736年才正式发表，离完成已有65年，此时牛顿去世也已经9年。

牛顿在1687年首次发表其流数方法时，曾承认莱布尼茨是微积分的独立发明人。他在《自然哲学的数学原理》第一版中曾有这样的叙述："十年前[1]，在我和最杰出的数学家G·W·莱布尼茨的通信中，我曾指出我发现了一种方法，可以用于求极大值与极小值、作切线以及其他类似的问题，而且这种方法也适用于无理数……这位卓越的人在回信中写道，他也发现了一种类似的方法，并且把他的方法写给我看了，它与我的方法几乎没有什么不同，除了他的措词、符号、算式和量的产生方式以外。"后来，由于产生了关于优先权的争论，牛顿才在1726年版的该书中删去了这一段历史记述。

瓦里士等英国数学家提供的指控莱布尼茨的依据，除了莱布尼茨与牛顿（经奥尔登堡转）之间的通信联系外，就是1676年10月莱布尼茨在伦敦第二次访问时与科林斯的交往。1669年7月，牛顿曾交给了其老师巴罗一篇题为《用无限多项方程的分析学》的论文，在数学史上简称《分析学》。巴罗认为该文很重要，将牛顿的这份手稿寄给了科林斯。科林斯复制了

1　指1677年左右，实应为1676年。

一份副本，保存在英国皇家学会。正好，莱布尼茨在伦敦的第二次访问时，科林斯在英国皇家学会将牛顿的《分析学》手稿抄本借给他看，而他又作了摘录，于是，这就成了他剽窃的主要事实。同时，英国人又认为他在与科林斯的交谈中获取了牛顿有关微积分的方法。

但是，从后来公布的莱布尼茨的笔记本中，人们获知，他当时仅摘抄了有关级数的部分，这些内容曾公开宣读过，而有关流数法，牛顿长时间以字谜形式公开，直到1693年10月16日告知莱布尼茨谜底后他才知晓，所以在1693年以前他并不知晓牛顿的方法。

至于在与科林斯的谈话中了解牛顿的方法的说法，这也为后来发现的史料否定了。由于当时语言方面的问题，莱布尼茨能流利地阅读英文，但说得不太好，科林斯的拉丁语水平也不太好，因此他们交流内容的主要部分都写在纸上。而记载他们谈话的文献被人找到了——四张对开稿纸，从中可以看出，没有涉及牛顿的流数法。

可见，当时如果摒弃偏见，公正地进行调查，完全可以避免这一场大争论。

令人欣慰的是，莱布尼茨与牛顿虽然都参与了争论，而且两人都有一些过火的言辞，都采取了一些不友好的行动，但两位伟大学者从未怀疑过对方的学术水平和天才。我们已经看到了牛顿对莱布尼茨的高度评价。莱布尼茨对牛顿也非常关心，对其才能和成就赞誉有加。17世纪90年代中期，牛顿生了一场重病，厌食、失眠，不时发作癫狂，处于精神错乱的状态。莱布尼茨获知后，非常着急。后来牛顿康复了，莱布尼茨在一封信中写到，他为牛顿恢复正常而感到由衷的高兴。

传说1701年在柏林宫廷的一次宴会上，王后苏菲·夏洛特知道莱布尼茨与牛顿在为优先权之事处于争论之中，就想听听莱布尼茨对牛顿的评价。莱布尼茨回答道："纵观有史以来的全部数学，牛顿做了一多半的工作。"可见莱布尼茨的心胸是何等宽阔。

计算机先驱

　　大约在1670年的某一天，莱布尼茨第一次看到了一个仪器，它能自动地记录下一位行人所走过的步数。这令他大为惊奇，并触发了他的灵感，使他立刻萌发了一个想法：设计一种类似的机器，使之能进行全部算术运算，不仅能记数，而且还能经过适当的设计后进行加法、减法、乘法、除法的运算，尤其是能够快速、准确地运算出结果。

　　随后，他立即着手进行设计。大约在1671年至1672年，即他赴巴黎之前，莱布尼茨已经设计出了第一台能进行乘法运算的计算器，在这之前，1642年巴斯卡的计算器只能进行加法和减法运算。当时他制作的这种乘法机，至今还有一台，保存在汉诺威的凯斯勒博物馆。

1672年来到巴黎后，他在相当长一段时间里继续从事计算器的制作工作。

1673年春的伦敦之行，莱布尼茨特地随身携带了一个木制的计算器，以作为与英国伦敦学术界进行交流的重要成果。英国学者大都对他的乘法机表现出了极大兴趣。奥尔登堡告诉他，有一位非常富有才华的学者莫兰（1625—1695）也发明了一种计算器。当时，17世纪有一些学者想到了利用机器进行运算的方法，发明了一些进行算术运算的机械装置和机器，如岗特（1581—1626）利用纳皮尔（1550—1617）的对数发明了计算滑尺，奥垂得（1574—1660）研究出了圆盘计算尺。显然，莫兰也从岗特、巴斯卡等人的研究中受到启发，正在从事计算器的研制。

1673年2月上旬，奥尔登堡亲自安排莱布尼茨与莫兰进行一次学术交流，并让他们展示和操作各自发明的计算器。当时的记录表明，莫兰的计算器与莱布尼茨的相比，有着明显的差距，因为前者尚不能自动进行乘、除运算，而需借助于所谓的纳皮尔骰子，而莱布尼茨的计算器则能进行乘、除运算。17世纪末时，莫兰独立地发明了一架能做加、减法的机器，还制作出了另一件能进行乘法运算的机器。

1673年1月29日，莱布尼茨获邀出席了英国皇家学会召开的会议后，奥尔登堡没有邀请莱布尼茨参加紧接着在2月5日召开的会议。因为在这段时间里，发生了一件针对莱布尼茨的不愉快的事情。他向许多英国学者展示自己设计的乘法机，没料到引起了著名学者胡克的不满。胡克用尖酸的语气反对计算器，尤其是莱布尼茨的设计，说什么利用纳皮尔骰子可以设计出更简单的模型。

莱布尼茨对胡克的态度很不满。奥尔登堡极力宽慰他，说胡克生性好争论，是一位讲话尖刻的学者。为避免引起当面冲突，奥尔登堡没有请他出席2月5日英国的皇家学会会议，但对他提出想成为英国皇家学会会员的愿望极为高兴。同时，奥尔登堡也督促他的年轻的德意志同胞，尽快改进计算器的技术，尽早拿出更加完善的计算器，让胡克等学者信服。

1673年从伦敦回到巴黎后，莱布尼茨一方面对此行的收获感到满意，另一方面也憋了一些气。于是，在从事微积分问题研究的同时，抓紧时间改进计算机的设计。为此，他不仅花费了大量的时间和精力，而且聘请巴黎有名的机械师制作，花费了不少经费，以致欠了不少债。

从伦敦回巴黎后不久，他结识了著名物理学家马略特（1620—1684），两人一见如故。马略特在机械制造方面很有造诣，非常乐意协助莱布尼茨。与此同时，莱布尼茨从巴斯卡的亲属手中得到了有关计算器的设计思想，还看到了巴斯卡计算器的实物。他比较了解自己设计的计算器与巴斯卡等人的不同，想出了克服以往计算器不足的办法。

1674年，莱布尼茨在马略特的帮助下，经过反复制作，终于制成了一架能够进行加、减、乘、除及开方运算的机器。这架计算器主要由两部分组成：第一部分是固定的，用于加法和减法，其装置与巴斯卡以前设计的加法机基本一样；第二部分用于乘法和除法，是他专门设计的乘法器和除法器，其中直接进行机械乘法的设计思想，是他的一个重要创造。对此，他自己在给友人的信中写道："能制成这种计算器使我感到很幸福，它与巴斯卡计算器相比有很大的差别，因为我的机器能在瞬间完成很大数字的乘除，而不必连续加减。"

莱布尼茨将制作完成的这种能进行加、减、乘、除及开方运算的计算机，呈交给巴黎科学院审查验收，后来还当众做过演示。他为自己终于制作了具有比较完善计算功能的计算器而"感到非常幸福"。

他充分认识到了计算机的重要性，指出："天文学家再也不必继续训练为了计算所需要的耐心了……如果使用机器，这种工作可以交给任何别的人去做。""这是十分有价值的。把计算交给计算器去做，可以使优秀的人才从繁重的计算中解放出来。"当时他曾预言，纳皮尔等人制造的计算尺快要闲置不用了，需要代之以能进行各种运算的快速的计算机器。虽然他始终未能研制出一种能够完全自动运算的计算器，但却概括地描述了今天称之为程序自动化的思想——计算机发展中的一个重要方面，这也是莱布尼茨的"使所有推理过程机械化"宏大计划中的一部分。

1685年，莱布尼茨叙述了他萌发设计计算器械，以及设计这架能进行四则运算的计算器的经过，用拉丁文写了一份手稿，并冠以标题：《论能自动进行加、减、乘、除法运算的算术计算机》。此时离他发明计算器已十余年。

以后，他又对计算器进行了改进。1692年3月21日，在写给闵明我的信中，莱布尼茨说："目前我正忙于制作一种新型的演算器。上帝保佑，这种新的演算器能够传到您那里。"此时闵明我尚在罗马，1694年再度来华是否携带了莱布尼茨的计算器，人们就不得而知了，甚至搞不清楚莱布尼茨是否在1692年制作出了新的演算器。

1710年，他在一篇文章中描述了计算器的重要性，但却没有给出制作计算器的详细方法。莱布尼茨去世以后，以他的想法为基础，哈恩于1774年制作了一架计算器。有人称，这是按莱布尼茨思想设计出的第一架能实际投入运算的计算器。

1685年的那份详细描述计算器原理的手稿，直到1897年才由约当（1838—1921）公布，刊登在《测量杂志》上。当然，莱布尼茨所设计的计算器从1674年起，就已广为学者知晓。这篇过了110余年才发表的文章，依然具有科学意义。在文末他预言："我所说的关于该机器的建造和未来的应用，在将来一定会更完善，并且我相信对于将来能见到完善的计算机的人，一定会看得更清楚。"我们就是莱布尼茨预言的见证人。

完美的二进制思想

　　不少中国人对莱布尼茨感兴趣的原因，出自一个以讹传讹的信息：莱布尼茨受中国典籍《周易》启发发明了二进制。不错，他的确对中国文化表现了十分浓厚的兴趣，并且堪称是提出融会中西文化的先行者，对中国文化也赞誉有加。但历史的真相是：莱布尼茨发明二进制与《周易》无关。

　　二进制由于在现代电子计算机中的重要性，因此其发明日渐为人们重视，莱布尼茨的这一数学创造值得大书一笔。

据偶然发现的一份笔记上的记载，莱布尼茨1674年在巴黎期间，已经研究了二进位算术，因此他发明二进位制的时间，大约是1672年至1676年在巴黎时。

　　他发明二进位制算术的学术渊源是什么？早期各种文明中，计数的进位制五花八门，我们在今天的日常生活中仍随处可见古代各种进位制的痕迹。小时、分、秒的时间计量单位采用60进位制即为一例。今天，在澳大利亚和非洲的某些最原始的民族中，就使用二进制。莱布尼茨当然不是从澳洲或非洲的土著人那里汲取的灵感。

　　据莱布尼茨自己宣称，他是受E·魏格尔的一部研究四进制的著作的启发而发明了二进制。魏格尔曾在1663年夏季教授给他欧氏几何、毕达哥拉斯——柏拉图的数学宇宙观。魏格尔认为四进制是神创造万物时所用的自然体系，因为1+2+3+4=10是毕达哥拉斯学派十分推崇的数，而古希腊的四元素说[1]等也构成了一种依据。这种数与神学的联系也在一定程度上影响了莱布尼茨。同时，还有一些欧洲学者研究十二

_____

1　关于世界有水、土、气、火四种元素构成的学说。

进制、八进制的。甚至英国数学家、天文学家哈恩奥特（1560—1621）在一份未发表的手稿中已使用过二进制。在1670年出版的一部著作中，也出现了二进位制。

在明确标注1679年3月15日的手稿中，莱布尼茨明白无误地向世人记下了他的二进位制算术。1679年3月15日，他写了题为《二进位算术》的论文。对二进位制进行了充分的讨论，并与十进位制进行了比较：

0 1 2 3 4 5 6 7 8 9…

0 1 10 11 100 101 110 111 1000

1001…

21 22… 29 30 31 32…

1010 10110 11101 11110 11111 100000…

64…80…96 100…

1000000…1010000…11000001 100100…

同时阐明将二进位制数改写成十进位制数的法则：

1011000（二进位制）写成十进位制数就是

$2^6+0+2^4+2^3+0+0+0$

=64+16+8

=88

不仅如此，更重要的是，他还阐明了正确的二进位制加法、乘法规则。例如，他给出了以下这类实例：

$$
\begin{array}{r}
1\ 0\ 2 \\
+)\ 1\ 0\ 1\ 5 \\
\hline
1\ 1\ 1\ 7
\end{array}
\qquad
\begin{array}{r}
1\ 0\ 1\quad 15 \\
\times)\quad\ 1\quad 13 \\
\hline
1\ 0\ 1 \\
+)\ 1\ 0\ 1 \\
\hline
1\ 1\ 1\ 1\quad 15
\end{array}
$$

这样，莱布尼茨完整地建立了二进位制的表示及其运算，是一大完美的数学创造。

二进位制创造工作完成后，他没有马上发表，后来又忙于微积分的改进、发表及其他一些数学、科学和社会事务了。直到15年后，才重新审视这一重要数学创造。

1695年5月，在与鲁道夫·奥古斯特大公的一次谈话中，莱布尼茨谈起了二进位制。大公对此非常感兴趣，认为一切数可由0与1创造出来这一点，为基督教《圣经》中所描述的创世纪提供了依据。这是因为，唯一完美的上帝从无到有创造了世界，这样就与一切数的根源来自0与1这一体系对应起来了。

大公的一席话，激发了他研究完善二进制算术的热情，同时他还想以大公的数字——神学联系的想法来争取人们对其二进位制的关注。

1697年1月2日，在呈送大公的信函中，莱布尼茨特地奉上了他创造设计的象征二进位制的纪念章图案，以此当做新年礼品。纪念章正面是大公图像，背面的设计则反映了莱布尼茨的创造和深刻思想：水面上笼罩着一片黑暗，顶部光芒四射——象征《圣经》中创世纪的故事；中间排列着二进位与十进位制数字对照表：

0	1	10	11	100	101	110	111	1000	1001
0	1	2	3	4	5	6	7	8	9

1001	1011	1100	1101	1110	1111	10000	10001
10	11	12	13	14	15	16	17

图表的两侧是我们在前面曾引用的二进位制加法、乘法的实例。

判断任何创造都必须有标准。我们说一种文明中采用了哪一种进位制，必须有足够的证据。在这种进位制体系中，有表示数的系统，还必须有运算的规则。莱布尼茨之所以在一个小小的纪念章上，标记上数字对照表和加法、乘法实例，乃在于他认识到，只有这样才能明白无误地表明他创造了二进位记数法。我们在评说历史时应该坚持这样明确的准则，否则牵强附会，只能自欺欺人。

纪念章外缘上方是"2，3，4，5，……用一，从无，可生万物"，神秘而雅致，令人赏心悦目。

纪念章图案的下方则写着：

创世纪的景观。

基督纪元1697年莱布尼茨[1]发明（Am.Chr.Invan. G.G.L.*MDCXCVII）。

据莱布尼茨自己的解释，纪念章正面大公头顶上皇冠的记号串，表示数1贯穿着0，同时也寓意着：必要的东西只能有一个。在二进制中，他已寻找到了事物从无开始的连续的创造，以及万事万物依赖于上帝

1　G.G.L.是莱布尼茨拉丁文姓名的三个首写字母（Gotefridvs Gvilielmvs Leibnizivs）

而存在的美妙图像。

在他看来，1与0这两个符号，反映着上帝从无到有、肯定与否定、完美与破缺、主动与被动、表象与本质等诸事物的起源。完美只能归属于上帝。完美的（1）与不完美的（0）是莱布尼茨本体论的基本象征。

从数学上来说，他创造二进位制的意义在于开辟认识数字规律的新道路。在他看来，数字的十进位制表示看不出什么明显的规律，而将二进位制数并列起来，数列中就会呈现出奇妙而完美的规律。

破译千古之谜

　　莱布尼茨于1679年发明二进位制算术，直到1697年1月2日通过作为新年礼品的纪念章公之于世。直到这一时期，二进制与中国的一切未发生任何联系。

　　通过法国来华耶稣会传教士白晋，莱布尼茨发现，二进位制能解释中国文化中的易图。

　　白晋1687年来华，1697年10月18日通过《中国近事》一书开始与莱布尼茨有通信联系。莱布尼茨于1697年12月2日开始给白晋写信。

　　在1701年2月15日给白晋的信中，莱布尼茨详细说明了二进位制原理，并于次日将论文《试论新数的科学》呈交巴黎科学院，但要求暂不发表。

收到莱布尼茨的信后，白晋发现，中国的六十四卦图可以视为二进位制的一种解释。同年11月4日，白晋从北京给莱布尼茨转去了一封信，同时将中国宋代邵雍（1011—1077）的"伏羲六十四卦圆图"和"伏羲六十四卦方图"（即六十四卦次序图和六十四卦方位图）附在信中。

莱布尼茨对白晋提供的材料很感兴趣。尽管他直到一年半后的1703年4月1日才收到白晋的上述信函，但却感到欣慰异常，发现中国古老的易图可以解释成0—63的二进制数表，立即给白晋回信。他因为从二进制数学出发解释了六十四卦图（邵雍的六十四卦方圆图），而异常兴奋地在信中写道："几千年来不能很好被理解的奥秘由我理解了，应该让我加入中国籍吧！"

当然，莱布尼茨在给白晋的信中阐述了二进位制的神学意义："0象征着先行在天地之间创造的虚无……（创世纪）等一日之初存在1，即神。第二日之初，则有天与地存在。这是第一日创造的结果。最后，第七日之初，便有一切存在。这就是最后的事物最完美的理由。……因为一切事务被创造出来之后是完美的，而且7不用0可以被写成111（用二进制表示）的缘故。我们只有通过这种仅借助于0与1记数的方法，才能理解第七日的完美性……并且在这时那个（7的111的）特性与三位一体联系在一起，这是应当予以注意的。"看来，他是希望通过二进位制使基督教与中国古代文化产生联系。

1703年4月7日，他将修改补充后的论文加上标题：《关于仅用0与1两个记号的二进制算术的说明，并附其应用以及据此解释古代中国伏羲图的探讨》，送交巴黎科学院，要求公开发表。自此，二进制公之于众了。根据上述历史事实，表明莱布尼茨并不是受易图（《周易》）的启发而发明二进制的，而是他发现了易图结构可以用二进制数学予以解释。

在白晋给莱布尼茨的信中，白晋将六十四卦图冠以"伏羲"的名称，并说取自《周易》，其实，这是错误的。其中所使用的"伏羲六十四卦图"，既不是《周易》中的，更不是什么伏羲的创造，而只是北宋邵雍创作的一种"易图"。

不仅如此，无论是《周易》中的八卦，或六十四卦的排列顺序，很难看出与二进制有什么相似性，因为它们既不是用来表示数字系统的，更没有给出算术运算规则。至于邵雍的六十四卦方圆图，也只能说可以用二进制来解释。因为它也同样不具有作为二进位制的基本特征（作为记数方法与给出运算规则）。我们要注意一个基本的认识：具有某种结构，或能用某种结构（或方式）来解释，与其本身就是某种结构的知识有天壤之别。地球、太阳、月亮早就具有三角形的结构，能说它们自形成起就是关于三角形的知识吗？

其实，对于莱布尼茨不是受《周易》（易图）启发而发明了二进制这一事实，在国外从未发生过怀疑，在中国数学史界，真正严肃的学者也未产生过怀疑。因为白晋1687年才从法国来到中国，而莱布尼茨在1679年已发明了二进制。不仅如此，一些严肃的中国学者陆续发表文章，驳斥"莱布尼茨受《周易》启发发明二进制"的观点。无奈，有些人太喜欢《周易》启发莱布尼茨发明二进制这一"说法"了。

中国文化是伟大的，她的伟大毋庸置疑，更用不着用虚假的"说法"来装点。须知，"假作真来真亦假"，用子虚乌有的东西来"论证"中国文化的伟大，到头来只能损害中华文化。

那么，应该如何理解莱布尼茨对白晋所示邵雍六十四卦方圆图的称赞呢？不是给出了一种二进制的解释吗？其实，这种称赞、解释与对上帝从无创造万物的"创世纪"学说的阐释如出一辙。"一"代表上帝，代表阳爻；"零"代表混沌，代表阴爻，至于说将"☷"解释成64=▥▥▥▥（二进制），这就如同他将创世纪最完美的第七日之初写成"▥▥▥"体现三位一体一样。

拉普拉斯曾对莱布尼茨的这种做法有过评价："莱布尼茨在他的二进制算术中，看出了创造万物的影像。……他想象：'一'代表上帝，'零'代表混沌；上帝由混沌中创造出世界万物，正如在他的记数法中用"一"和"零"表示一切的数一样，莱布尼茨太喜欢这个观念了，以致他将它提交任中国数学院院长的耶稣会神父闵明我[1]，希望因这创世纪的象征，而

1　应为白晋。可能因为1689年莱布尼茨在罗马会见了传教士闵明我，拉普拉斯因此弄错了。

使非常喜欢科学的中国皇帝也转信基督教。我提到这点，目的只是指出，即使是大人物的眼睛，也会被幼稚的偏见所蒙蔽。

应该说，莱布尼茨的二进制算术能被用来理解古老的中国文化，如同利用微积分求极值的方法能很好地理解光的折射原理、蜂房结构一样。自从他发现了易图能用二进制算术进行解释以后，在世界范围内兴起了对易学的数理研究，人们对易学的兴趣日增。

莱布尼茨的二进制算术，以及所进行的计算机设计、程序自动化、程序设计的思想，为计算机的现代发展奠定了坚实的基础。

尽管莱布尼茨本人为计算机的设计、二进制的发明而深感自豪，但他却没有将二进位制用于计算机，没有使二者结合起来。在当时的条件下，一个二进位制的机器只会增加技术上的困难。后来随着电子技术的发展，人们才将二者有效地结合起来。

制造"贵族"的学者

  1698年1月，汉诺威选帝侯恩斯特·奥古斯特去世，由其儿子乔治·路德（1660—1727，即后来的英王乔治一世）继任。乔治·路德选帝侯敦促莱布尼茨尽快完成手头的不伦瑞克家族史的工作。随着莱布尼茨对柏林科学院的建立，维也纳科学院的规划等事务投入的时间逐渐增加，他在汉诺威的时间越来越少，有一次竟在维也纳呆了近两年时间而未回汉诺威。虽然他在对科学、数学、哲学和人文科学的众多领域进行广泛研究，在每一个学科都取得了骄人的成绩，被后人誉为"样样皆通，样样皆精的百科全书式的学者"。然而，他同时服务于几个王室宫廷都没能使哪一个王室完全满意，经常受到各方的抱怨，说他拿了薪水不干活。在他再次去另一个王宫之前，经常不是这个就是那个地方的薪水停发了。

对莱布尼茨最强烈的埋怨来自汉诺威，选帝侯乔治·路德认为，理所当然地汉诺威宫廷最有权力对莱布尼茨的服务提出要求。在1712年至1713年间，乔治·路德提醒莱布尼茨，他为不伦瑞克家族编写历史的工作已经准备30多年了，既然有精力为5个宫廷服务，那么首先就要完成编写家族史的工作。选帝侯力促他放弃为其他王室服务，然而莱布尼茨却没有这样做。最令选帝侯难以容忍的是，选帝侯多次命令莱布尼茨离开维也纳返回汉诺威，甚至停发他在汉诺威的薪水，其中还有恩斯特·奥古斯特的妻子、他的保护人与哲学学说崇拜者苏菲的逝世，都没有使他回到汉诺威。其实，大约从1687年开始为编写不伦瑞克家族史之始，莱布尼茨就不停地四处奔波，很少能在汉诺威连续停留一年以上，他总是在汉诺威待一段时间后又到其他地方去了。

当然，莱布尼茨为汉诺威宫廷的服务，是勤勉而卓有成效的。多年来，他一直在为汉诺威宫廷的前途绞尽脑汁，在1692年为汉诺威公爵争取到选帝侯的权利后，莱布尼茨又忙于英国王位继承问题——在欧洲，不同宫廷之间的继承问题十分复杂，由于王室之间联姻很普遍，因此一个国家的王位不时地由另一个宫廷中的人继承。莱布尼茨正是想通过自己的努力，使汉诺威选帝侯继承英国王位。

根据1689年通过的《权利法案》，基督教徒不能继承英国王位，这就使得王位继承权差不多不可避免地经过波希米亚的伊丽莎白——英国国王詹姆士一世（1603—1625年在位）的女儿，苏菲的母亲——传到苏菲与恩斯特·奥古斯特所生的大儿子，继任的汉诺威选帝侯乔治·路德，这种继承关系在1701年的《王位继承法》中得到了确认。不过，在《王位继承法》与《权利法案》实施之前乃至生效之后，在英国伦敦与德意志汉诺威之间有许多十分艰难的谈判。莱布尼茨在这些一系列的重大谈判中发挥了重要的作用。

实际上，在1700年左右，包括莱布尼茨本人在内的许多欧洲人都将他看做是王位继承问题上的权威。他对当时欧洲几乎每个有关王位继承的重大事情都作了一定的研究，写过不少有关王位继承问题的著作，其中重要的有论述1700年西班牙国王查理二世（1665—1700年在位）去世后，西班牙的王位继承权等。西班牙王位的继承问题后来是通过战争解决的。苏菲·夏洛特在1700年曾写信请求莱布尼茨在其丈夫弗里德里希当选普鲁士国王的谈判中帮忙。莱布尼茨在乔治·路德继承英国王位的艰难谈判中大显身手，终于使汉诺威选帝侯成了英国国王，从而建立了从乔治·路德开始的英国汉诺威王室。从此，汉诺威王室统治英国长达约200年之久（1714—1901）。

当然，乔治·路德得以成为英国国王开创英国的汉诺威王室有着复杂的政治、经济和文化原因，莱布尼茨在外交谈判中的努力只是其中一个方面而已。不过，从中我们可以看到他成熟的法律水平和外交才能。

莱布尼茨为实现自己筹建科学院的规划，不顾汉诺威选帝侯的多次催促，在维也纳等地奔走，操劳。同时，他还广泛从事数学、科学和哲学等学术创造，为在欧洲大陆发展数学积极活动，广泛地与欧洲各国的数学家进行学术交流。

　　的确，在1710年左右，莱布尼茨已成为欧洲著名的伟大学者，为欧洲学术界所尊崇。

凄清的晚年

    1714年9月14日，在外奔波劳累，屡召不归的莱布尼茨突然回到汉诺威。当他风尘仆仆地跳下马车后，浑身马上软了下来，他来迟了三天！原来，他是在维也纳听到汉诺威选帝侯乔治·路德将赴英国继承王位的消息后，立即动身赶回来的，可作为英王乔治一世的乔治·路德已于三天前离开汉诺威前往伦敦了。他多么想随选帝侯——此时已是英国国王的乔治·路德前往伦敦，哪怕是送行也好。他曾为乔治一世获得英国国王权力出了不少力啊！

希望落空的莱布尼茨突然感到自己老了！是啊，他已68岁了，已届垂暮之年，只是自己近年为了发展科学事业到处游说，不知老之将至。他发现，原先雇用他的各个宫廷都开始对他冷淡了。"这样也好，用不着到处奔波了。"他无奈地想。其实，现在他的精力已远不如以前，甚至前几年了。就是前些年，他的身体也不太好。他自己清楚，50岁后关节痛就时时折磨着他，有时甚至卧床不起，后来又经常腹绞痛，可为了自己的事业、目标和生计，他像年轻人一样，一辆马车一位车夫陪伴他到处颠簸。现在，他可以休息一下了。

然而，对于操劳惯了的人来说，突然的休息简直是一场灾难。莱布尼茨以往经常所处的是车水马龙、高朋满座、热热闹闹的环境，现在突然处在一种平静冷落的氛围中，他倍感凄凉。虽然这时他仍像从前一样从事数学、科学尤其是哲学思考与研究，可他内心仍然希望过着有声有色的社会生活。他结交的宫廷权贵，他的庇护人一个接一个地先他逝去了。

他想到了乔治一世。他并不想随王室移居英国，其实他一直都竭力避免留居英国。只是现在他不能到处旅行了，而他又想和乔治一世在一起，于是违背初衷，提笔写信给他的庇护人、新上任的英国国王，希望自己能被任命为伦敦宫廷的历史学家。不久，国王给他亲笔回了信，很委婉地拒绝了他的要求，但许诺说，只要他完成了不伦瑞克家族史的编写工作，宫廷历史学家的头衔一定会等着他。莱布尼茨为没能写完不伦瑞克家族史而深感不安。他希望自己能完成这一工作，为此，极其努力而又艰苦地进行着这项工作。

但是，悲惨的晚年生活的确降临到了这位伟大学者的身上。他既不能外出会见旧友，又不能结识新交。与王公贵族高谈阔论、与苏菲·夏洛特那样的宫廷女主人讨论哲学的情景，只能出现在回忆中。更令他难以忍受的是由于他在以往的外交、社会活动中风头颇足，得罪了一些人，现在这些人开始对他进行报复了。他被这些人说成是不具有汉诺威人性格和特点的异族人，宗教上信仰无神论的"什么也不信的人"。忧愁和孤独陪伴着他。

走！快近古稀之年的莱布尼茨想离开汉诺威。法国国王曾邀请他去法国，以往由于持反法侵略的政治观点，使他对法王路易十四的邀请根本未予考虑。现在，他写信给路易十四表示愿意去法国，接受邀请，并准备1715年动身，可路易十四在1715年去世了，看来去法国又不可能了。同时，他积极筹划搬到维也纳去，甚至已经委托人帮他在维也纳购置财产。他考虑了去柏林的方案，因为他依然是柏林科学院院长。他甚至想到寒冷而较远的俄国彼得堡去，沙皇彼得大帝曾经邀请他去担任宫廷科学顾问。然而，身体却每况愈下，没有一个方案能真正实施。他只能待在汉诺威。

汉诺威作为他长期生活的地方，令莱布尼茨感到亲切，尽管周围的环境也大不如以前，但他还是热爱这个第二故乡，依然关注着这片土地上的许多事情；依然关注着远在英国的乔治一世的政治前途。他在这一时期所发表的著作中，多数是有关英国政治的。面对英国的某些势力试图让詹姆士二世（1685—1688）的子孙继承王位的活动，他于1715年发表了《对要求詹姆士二世的后裔继承王位者的反驳》的著作，维护汉诺威王室的权益。

乔治一世对莱布尼茨还是很不错的。尽管早些年莱布尼茨忙于其他宫廷的事务，而对汉诺威宫廷的分内工作做得很少，对乔治的多次催促置若罔闻，但自从苏菲去世后，乔治·路德就是在王室中真正与他相处得最要好的人。乔治一贯保护他，使他不遭受其他人的诋毁，甚至当有人告发他的忠诚有问题时也如此。最难得的是，乔治·路德对莱布尼茨的许多怪癖也采取了宽容的态度。

1716年夏，乔治一世从伦敦回到汉诺威，见到凄惨悲凉、处境每况愈下的莱布尼茨，甚感过意不去。于是特地邀请莱布尼茨一同度假避暑，这使忧心忡忡的莱布尼茨得到了些许安慰，心情也好了许多。毕竟，英国国王还没忘了他。

在生命的最后几年，莱布尼茨继续保持着旺盛的学术活力。1714年在维也纳时，他扼要地在《单子论》一文中概述了其哲学体系的核心思想。回到汉诺威后，他继续与学术朋友们保持着通信联系，研究数学、哲学和逻辑学等问题，而且他的有关时空等问题的最重要的哲学通信，就是在其生命结束之前没多久写下的。

　　遗憾的是，莱布尼茨没能完成计划中的哲学巨著，也没能完成他一直试图编著的历史著作。但他在这两方面仍留下了丰厚的遗产。

永不陨落的科学巨星

　　1716年11月14日，一代伟大的百科全书式的学者莱布尼茨与世长辞了。他是由于痛风、胆结石症引起腹绞痛卧床一周后离开人世的，终年70岁。

　　虽然他在1714年还同时为欧洲5个宫廷所雇佣，一直到死还在竭尽全力为乔治一世编写家谱，可在弥留之际，他却被他所服务的宫廷完全遗忘了。既无人前来问候，也无人在他去世后前来吊唁。

　　莱布尼茨一生没有结婚，一生没有在大学当教授。他平时从不进教堂，因此人们送给他一个绰号：

Lovenix——什么也不信的人，他去世时教士以此为借口，不予理睬，当然他也拒绝让牧师前来为他祷告。

弥留之际，陪伴他的只有他的秘书艾克哈特和他所信任的大夫（有的文献说是其车夫）。这样，生性爱好热闹场面的莱布尼茨平静而又凄凉地走完了自己的一生。

在秘书艾克哈特的料理下，人们以正式的仪式将莱布尼茨安葬在汉诺威宫廷的诺伊斯塔特教堂，尽管汉诺威宫廷议会中反对他的人拒绝参加葬礼，但莱布尼茨却以其卓越的成就在汉诺威、德意志乃至人类文明史上留下了光辉的足迹。

不可否认，莱布尼茨的葬礼显得过于简单。1627年，当英国伟大的学者牛顿逝世后，英国国王亲临参加葬礼，人们以国葬的方式将牛顿安葬在英国王室的威斯敏斯特教堂，其礼遇是何等的隆重！这种强烈的对比，实际上就是当时英国与德国对待科学、文化态度的实际而生动的写照。牛顿以一个穷苦孩子的身份，因为卓越的科学创造，成为英国历史上第一个被册封为贵族（公爵）的科学家，在生时就被视为英国的国宝，这实际上是英国社会发展对科学需要，对科学重视的集中体现。那时的英国正在变成由于科技发达而昌盛的"日不落帝国"。而莱布尼茨所生活的德意志，当时正处于科技文化不大受重视的境地。他虽奔走于宫廷之间，但王公大臣、达官小姐们欣赏的并不是他的科学才能，而是只需要他从事外交、编写家族史之类的工作。因而不可能把他视为德意志的珍贵财富。相反，只把他当做一个较为重要的宫廷幕僚，枢密顾问官罢了。因此，当他不能为宫廷效力时，人们很容易就把他忘记了。

随着德意志在科学、文化方面不断取得进步，莱布尼茨的声望在其死后与日俱增。德意志人民逐渐认识到他是德国科技、文化的先驱。

莱布尼茨逝世的消息，开始仅由艾克哈特向汉诺威宫廷发了讣告，并没什么反响。第二年，他的学生与哲学思想的继承者沃尔夫在1717年7月号的《学术记事》（又译《教师学报》）上发表了一篇悼念文章。同年，学术发达的荷兰海牙学者们发表了纪念莱布尼茨的文章。在1718年的法国科学院例会上，学术秘书封登纳尔（1657—1757）致悼词，表达了他们对法国科学院外国会员、科学大师莱布尼茨的怀念。

莱布尼茨逝世77年后，汉诺威人民在他生活了40个春秋的第二故乡为他建立了一座纪念碑，这时德意志人民已开始步入科学、文化发展的阶段了。1883年，当德国科学技术、文化艺术在全世界独树一帜，占有非常重要的地位时，在莱比锡——莱布尼茨的故乡，家乡人民为这位杰出的伟大学者竖起了一座立式个人雕像，表达了莱比锡人民的崇敬之情。

进入20世纪后，莱布尼茨的思想、成就受到了德国人民乃至世界学术界的高度重视。德国成立了莱布尼茨研究所、莱布尼茨学会，设立了莱布尼茨故居（莱布尼茨屋），并出版了《莱布尼茨研究》学术刊物，编辑了多种莱布尼茨文集。世界学术界对莱布尼茨的研究也空前活跃。莱布尼茨不愧是人类文明史上百科全书式的科学大师。

世界五千年科技故事丛书

01. 科学精神光照千秋 ：古希腊科学家的故事
02. 中国领先世界的科技成就
03. 两刃利剑 ：原子能研究的故事
04. 蓝天、碧水、绿地 ：地球环保的故事
05. 遨游太空 ：人类探索太空的故事
06. 现代理论物理大师 ：尼尔斯·玻尔的故事
07. 中国数学史上最光辉的篇章 ：李冶、秦九韶、杨辉、朱世杰的故事
08. 中国近代民族化学工业的拓荒者 ：侯德榜的故事
09. 中国的狄德罗 ：宋应星的故事
10. 真理在烈火中闪光 ：布鲁诺的故事
11. 圆周率计算接力赛 ：祖冲之的故事
12. 宇宙的中心在哪里 ：托勒密与哥白尼的故事
13. 陨落的科学巨星 ：钱三强的故事
14. 魂系中华赤子心 ：钱学森的故事
15. 硝烟弥漫的诗情 ：诺贝尔的故事
16. 现代科学的最高奖赏 ：诺贝尔奖的故事
17. 席卷全球的世纪波 ：计算机研究发展的故事
18. 科学的迷雾 ：外星人与飞碟的故事
19. 中国桥魂 ：茅以升的故事
20. 中国铁路之父 ：詹天佑的故事
21. 智慧之光 ：中国古代四大发明的故事
22. 近代地学及奠基人 ：莱伊尔的故事
23. 中国近代地质学的奠基人 ：翁文灏和丁文江的故事
24. 地质之光 ：李四光的故事
25. 环球航行第一人 ：麦哲伦的故事
26. 洲际航行第一人 ：郑和的故事
27. 魂系祖国好河山 ：徐霞客的故事
28. 鼠疫斗士 ：伍连德的故事
29. 大胆革新的元代医学家 ：朱丹溪的故事
30. 博采众长自成一家 ：叶天士的故事
31. 中国博物学的无冕之王 ：李时珍的故事
32. 华夏神医 ：扁鹊的故事
33. 中华医圣 ：张仲景的故事
34. 圣手能医 ：华佗的故事
35. 原子弹之父 ：罗伯特·奥本海默
36. 奔向极地 ：南北极考察的故事
37. 分子构造的世界 ：高分子发现的故事
38. 点燃化学革命之火 ：氧气发现的故事
39. 窥视宇宙万物的奥秘 ：望远镜、显微镜的故事
40. 征程万里百折不挠 ：玄奘的故事
41. 彗星揭秘第一人 ：哈雷的故事
42. 海陆空的飞跃 ：火车、轮船、汽车、飞机发明的故事
43. 过渡时代的奇人 ：徐寿的故事

44. 果蝇身上的奥秘 ：摩尔根的故事

45. 诺贝尔奖坛上的华裔科学家 ：杨振宁与李政道的故事

46. 氢弹之父—贝采里乌斯

47. 生命，如夏花之绚烂 ：奥斯特瓦尔德的故事

48. 铃声与狗的进食实验 ：巴甫洛夫的故事

49. 镭的母亲 ：居里夫人的故事

50. 科学史上的惨痛教训 ：瓦维洛夫的故事

51. 门铃又响了 ：无线电发明的故事

52. 现代中国科学事业的拓荒者 ：卢嘉锡的故事

53. 天涯海角一点通 ：电报和电话发明的故事

54. 独领风骚数十年 ：李比希的故事

55. 东西方文化的产儿 ：汤川秀树的故事

56. 大自然的改造者 ：米秋林的故事

57. 东方魔稻 ：袁隆平的故事

58. 中国近代气象学的奠基人 ：竺可桢的故事

59. 在沙漠上结出的果实 ：法布尔的故事

60. 宰相科学家 ：徐光启的故事

61. 疫影擒魔 ：科赫的故事

62. 遗传学之父 ：孟德尔的故事

63. 一贫如洗的科学家 ：拉马克的故事

64. 血液循环的发现者 ：哈维的故事

65. 揭开传染病神秘面纱的人 ：巴斯德的故事

66. 制服怒水泽千秋 ：李冰的故事

67. 星云学说的主人 ：康德和拉普拉斯的故事

68. 星辉月映探苍穹 ：第谷和开普勒的故事

69. 实验科学的奠基人 ：伽利略的故事

70. 世界发明之王 ：爱迪生的故事

71. 生物学革命大师 ：达尔文的故事

72. 禹迹茫茫 ：中国历代治水的故事

73. 数学发展的世纪之桥 ：希尔伯特的故事

74. 他架起代数与几何的桥梁 ：笛卡尔的故事

75. 梦溪园中的科学老人 ：沈括的故事

76. 窥天地之奥 ：张衡的故事

77. 控制论之父 ：诺伯特·维纳的故事

78. 开风气之先的科学大师 ：莱布尼茨的故事

79. 近代科学的奠基人 ：罗伯特·波义义的故事

80. 走进化学的迷宫 ：门捷列夫的故事

81. 学究天人 ：郭守敬的故事

82. 攫雷电于九天 ：富兰克林的故事

83. 华罗庚的故事

84. 独得六项世界第一的科学家 ：苏颂的故事

85. 传播中国古代科学文明的使者 ：李约瑟的故事

86. 阿波罗计划 ：人类探索月球的故事

87. 一位身披袈裟的科学家 ：僧一行的故事